Vera Schauber / Michael Schindler

Mein großes Buch der Heiligen und Namenspatrone

Mit Illustrationen von Martina Špinková

Bernward bei Don Bosco

Bibliografische Information der Deutschen Bibliothek

Die Deutsche Bibliothek verzeichnet diese Publikation in der Deutschen Nationalbibliografie; detaillierte bibliografische Daten sind im Internet über http://dnb.ddb.de abrufbar.

1. Auflage 2003 / ISBN 3-7698-1382-0
© 2003 Don Bosco Verlag, München
Umschlag und Layout: Margret Russer
Illustrationen: Martina Špinková
Satz: Don Bosco Grafischer Betrieb, Ensdorf
Gedruckt in Tschechien

Gedruckt auf umweltfreundlichem Papier

INHALT

Liebe Kinder, liebe Eltern!

„Warum heiße ich eigentlich Lukas?" – „Wie seid ihr denn auf meinen Namen Anna gekommen?" Irgendwann stellt ein Kind die Frage nach seinem Namen. Der Name ist wichtig, ein Mensch ohne Namen ist einfach kein ganzer Mensch. Spannend sind oft die Geschichten, wie es dazu kam, dass dieses Kind Patrick heißt oder beim anderen der Name Veronika gewählt wurde. Vielleicht bewunderten damals die Eltern einen bestimmten Schauspieler oder Sportler? Oder es wurde der Name der Eltern weitergegeben an das Kind, oder es gab einen anderen Grund, warum ich so heiße, wie ich heiße!

Und natürlich will man auch gern wissen: Was bedeutet eigentlich dieser Name? Aus welcher Sprache kommt er? Welche Person versteckt sich dahinter, was hat sie gemacht, wie hat sie gelebt? Wer ist eigentlich der „Namenspatron", nach dem ich benannt bin?

Auf die Suche nach diesem Menschen zu gehen, ist eine aufregende Sache. Oft muss man in der Geschichte viele Jahrhunderte zurückgehen, um die Person zu finden. Von manchen dieser Namenspatrone wissen wir sehr viel, bei einigen erinnern nur noch Legenden an ihr Leben und wieder bei anderen kennen wir nur vage ihre Lebensdaten. Umso verblüffender ist es, dass sie heute noch bekannt sind. Weit über ihre Zeit hinaus ist ihr Name bestehen geblieben und nicht vergessen worden. Warum wohl? Jeder von ihnen hatte in seiner Zeit eine Idee, die andere beeindruckte. Auch wenn es zunächst nicht so schien: Manche wurden für verrückt erklärt wie Johannes Bosco, weil er sich in einer Zeit für Straßenkinder einsetzte, als dies noch kein anderer tat. Andere verzichteten auf eine glänzende Karriere wie Franziskus, um als Armer mit anderen zu leben. Ob als Erzieherin, Vater oder Mutter, Schwester oder Bruder, ob als Ordens-

mitglied oder Märtyrer, ob als Papst oder einfach als Christ – sie alle sind in ihrer Zeit aus den herkömmlichen Rollen gefallen und haben etwas Besonderes getan. Und dafür werden sie als „Heilige" verehrt und bewundert. Das war vor fast 2000 Jahren so und ist auch heute noch so. Viele kennen Mutter Teresa, die sich ihr Leben lang für Kranke und Bettelarme engagiert hat und erst vor einigen Jahren starb. Sie gehört genauso zu den Heiligen und Namenspatronen wie Barbara oder Sankt Martin.

Aber was genau ist denn ein Heiliger? Oder besser gefragt: Wie wird man ein Heiliger? Wenn man einen von diesen Frauen und Männern fragen könnte, sie wüssten sicher keine Antwort. Denn keiner von ihnen hätte als Berufsziel angegeben, Heiliger werden zu wollen. Sie lebten und planten ihr normales Leben. Aber plötzlich passierte etwas. Es ist schwierig in Worte zu fassen, weil es sich bei jedem anders ereignete: Gott trat in ihr Leben! Und diese Menschen spürten, dass sie ihm vertrauen konnten, als ob er sie an der Hand nehmen und ihnen ihren Weg zeigen würde. Sie fühlten sich in Gott fest verwurzelt, wie ein Baum, der seine Wurzeln tief in die Erde treibt, damit er auch bei starkem Wind nicht aus dem Boden gerissen werden kann.

Und weil sie sich von Gott geliebt wussten, versuchten sie auf ihre Art und Weise diese Liebe anderen weiterzugeben. Dabei waren sie keineswegs immer starke Helden oder tapfere Frauen. Viele kannten auch dunkle Zeiten in ihrem Leben, wo sie an ihren Aufgaben verzweifelten oder ihr Leben für Gott aufgeben wollten. Trotzdem versuchten sie immer wieder von Neuem, Kurs auf Gott und die Menschen zu nehmen und weiterzumachen. Manche von ihnen sind scheinbar kläglich dabei gescheitert. Sie nahmen Einsamkeit, Anfeindungen und sogar den Tod in Kauf. Für viele Menschen wurde aber ihr Tod zu einem ganz wichtigen Zeichen, dass die mächtigen Unterdrücker dieser Welt zwar vieles zerstören können, aber nicht die Liebe der Menschen zueinander.

Heilige sind wichtig für uns. Man kann es mit einem Bild beschreiben: Sie sind wie bunte Fenster, durch die das Licht der Sonne hindurchscheint. Man kann nicht in die Sonne schauen, weil das Licht zu hell ist. Aber in den bunten Fenstern bricht sich das Licht und lässt einen Raum voller Wärme und Farbe entstehen. So zeigen die Heiligen durch ihr Leben die Größe und Wärme Gottes und wollen uns erzählen, wie gut Gott es mit uns meint.

Auch heute gibt es besondere Mädchen und Jungen, Frauen und Männer. An vielen Orten versuchen sie ihre Idee von einer besseren Welt umzusetzen. Gerade bei denen, für die keiner da sein will, findet man sie. Bei den Straßenkindern, für die es keinen Platz gibt. Bei den Sterbenden, die allein sind. Bei den Kranken, die getröstet werden wollen. Bei den Einsamen, die keinen Menschen mehr haben. Und das Besondere dabei ist, dass sie glücklich sind! Ihnen ist es wichtig, sich einzumischen; ihnen ist diese Schöpfung mit allen Menschen und Lebewesen nicht egal. Vielleicht sammeln sich deshalb oft auch viele andere Menschen um sie, weil sie spüren, dass von diesen Männern und Frauen etwas Besonderes ausgeht: Glück und Zufriedenheit!

Vera Schauber und Michael Schindler erzählen spannende Geschichten von solchen interessanten Menschen. Die Bilder dazu hat Martina Špinková, eine Künstlerin aus Tschechien, gemalt und vieles gibt es in ihnen zu entdecken. Die meisten Heiligen und Namenspatrone, denen man auf den Seiten dieses Buches begegnet, sind besonders für die Menschen in Europa wichtig. Andere kennt man auf der ganzen Welt. In meiner Heimat in Mexiko habe ich als Kind vieles von ihnen gehört und sie haben mich begeistert. Heute reise ich durch alle Kontinente und lerne dabei neue Heilige kennen. Dies macht mir viel Mut bei meiner Arbeit.

Bei der Entdeckungsreise zu diesen wichtigen Menschen wünsche ich viel Lesevergnügen.

Pascual Chávez Villanueva
(Generaloberer der Ordenskongregation der Salesianer Don Boscos, die sich weltweit für Kinder und Jugendliche einsetzt)

Die
Heiligen und
Namenspatrone
im Jahreslauf

DIE HEILIGEN DREI KÖNIGE

ALLE Kinder lieben die Geschichte von Kaspar, Melchior und Balthasar, den Heiligen Drei Königen. Sie werden auch die Weisen genannt, weil sie so gelehrt gewesen sein sollen. Alle drei, so sagt es die Legende, waren Könige im Morgenland: Kaspar von Tharsis, Melchior von Nubien und Balthasar von Saba. Eine andere Legende wiederum erzählt, sie seien auch Magier, also eine Art Zauberer gewesen, und so werden sie zum Beispiel in Spanien und in Italien genannt. Verehrt werden die Heiligen Drei Könige ganz besonders im Dom von Köln, wo in einem kostbaren goldenen Schrein, dem so genannten „Dreikönigsschrein", Knochen aufbewahrt werden. Die Überlieferungen sagen, dass es die von Kaspar, Melchior und Balthasar sind.

Die Nachricht davon, dass ein ganz besonders mächtiger König geboren war, drang vor 2000 Jahren bis ins ferne Morgenland vor. Kaspar, Melchior und Balthasar, die drei befreundeten Könige, hörten davon und beschlossen, das Kind zu suchen, um ihm die Ehre zu erweisen und ihm Geschenke zu bringen. Und so packten sie Gold, Weihrauch und Myrrhe, die größten Kostbarkeiten jener Zeit, auf Kamele und Elefanten und machten sich schleunigst auf den Weg, denn sie wollten ja die Ersten sein. Der Weg war weit und beschwerlich, und die Karawane konnte auch nur nachts reisen, denn am Tag glühte die Sonne heiß vom Himmel. Und dann passierte es auch noch, dass die Könige nicht mehr recht wussten, wo genau der Weg verlief.

Aber plötzlich funkelte da am dunklen Nachthimmel ein leuchtender Stern und gab Kaspar, Melchior und Balthasar ein Zeichen: Folgt mir. Vorbei ging es an der Stadt Jerusalem, vorbei an den prächtigen Häusern, in denen die drei Könige eigentlich den neugeborenen König vermutet hatten. Vorbei auch am bösen, eifersüchtigen König Herodes, der sofort einen Racheplan schmiedete, als er hörte, dass die Weisen aus dem Morgenland nach einem neuen

KASPAR, MELCHIOR UND BALTHASAR

König suchten. Weiter ging es nach Betlehem und von dort hinaus aufs Feld, dahin, wo Maria und Josef Tage zuvor Zuflucht gesucht hatten, nachdem niemand in der Stadt ihnen eine Unterkunft gewährt hatte, wo Maria in Ruhe ihr Kind gebären konnte.

Plötzlich erlosch der Stern, der die drei Könige bisher geleitet hatte. Und Kaspar, Melchior und Balthasar erblickten vor sich ein schwaches Licht. Es war ihr Ziel, es war der Stall, in dem Maria Jesus geboren hatte, den Sohn Gottes. Überglücklich knieten sich die drei vor der Krippe nieder, reichten dem Jesuskind ihre Geschenke und berichteten ihm, woher sie gekommen waren und dass sie ihn unbedingt sehen wollten, um den Menschen im Morgenland von ihm zu verkünden. Jesus freute sich und lächelte die Männer an, ganz besonders Melchior. Denn der hatte große Angst gehabt, dass seine schwarze Hautfarbe, wegen der er so oft ausgelacht wurde, das Kind erschrecken könnte. Vor Jesus Christus aber sind alle gleich, sollte ihm und allen Menschen dieses Lächeln sagen. Er heißt alle willkommen, egal, welche Hautfarbe sie haben.

Voller Stolz machten sich die Heiligen Drei Könige wieder auf den Weg nach Hause. Nach Nubien, nach Tharsis und nach Saba. Und sie hatten dort viel zu erzählen von einem neuen König, der geboren worden war.

 Kennst du ein Kind, das aus einem anderen Land kommt?

Kasper · Caspar · Casper · Käsper · Jasper
Jesper · Gaspar · Gaspard · Gaspare · Gasparo
Gáspár

Melcher · Melchert · Melker · Melk · Melchiorre

Balzer · Balz · Baltes · Balthes · Baldus · Balles
Balthazar · Balcer · Boldisár· Baldassare

SEBASTIAN

SEBASTIAN ist der Heilige, den viele Menschen um Hilfe bitten, wenn jemand schwer krank ist oder man Angst hat, dass der Kranke nicht mehr richtig gesund wird. Der Grund dafür ist, dass Sebastian einmal als junger Mann wie durch ein Wunder von schwersten Verletzungen wieder genesen ist. Und das kam so:

Der junge Christ Sebastian, der von Beruf Soldat war, wurde eines Tages Leiter der kaiserlichen Leibwache in Rom. Kaiser war damals Diokletian, der an die alten römischen Götter glaubte. Er war bekannt dafür, dass er die Christen in seinem Reich verfolgen ließ, weil er den Christenglauben mit allen Mitteln verhindern wollte. Da er Sebastian aber mochte, tat Diokletian so, als merke er

nicht, dass dieser regelmäßig betete und den im Gefängnis gefangengehaltenen Christen heimlich Essen brachte. Doch dann stellte der Herrscher eines Tages fest, dass Sebastian immer mehr Römer zum Christentum bekehrte, und das machte ihm Angst. Und als sich dann auch noch der oberste Richter der Stadt von Sebastian taufen ließ, war es mit der Geduld des Kaisers vorbei. Diokletian befahl, dass Sebastian an einen Pfahl gebunden und so lange mit Pfeilen beschossen werden sollte, bis er tot war.

Dies geschah dann auch so. Von vielen Pfeilen überall getroffen, sank Sebastian leblos zu Boden, und alle nahmen an, dass er tot war. Doch als die Christin Irene den Leichnam später beerdigen wollte, bewegte sich Sebastian plötzlich. Trotz der schlimmen Verletzungen lebte er. Irene pflegte ihn viele Wochen lang wieder gesund. Und dann ging Sebastian mutig zu Diokletian in den Palast und nannte den Kaiser vor allen seinen Angestellten laut einen Christenverfolger. Diokletian war so erschrocken über das Wunder, dass Sebastian noch lebte, dass er ihn noch am selben Tag im Circus Maximus, der Rennbahn von Rom, zu Tode prügeln ließ. Nach der Legende war dies am 20. Januar 288.

 Hast du schon einmal erlebt, dass ein Mensch, der ganz schwer krank war, wie durch ein Wunder wieder gesund wurde?

Bastian · Basti · Basto · Bastin · Bastien
Basch · Sebastiano · Sébastien · Sebesta
Sobek · Wastel

AGNES VON ROM

DAS LATEINISCHE Wort „agnus" bedeutet „Lamm" und das passt gut auf Agnes von Rom, die sanft wie ein Lamm war. Mit großer Sanftmut nämlich ertrug sie das Leid, das man ihr zufügte. Ein schöner Brauch hat sich bis heute in Rom erhalten: Immer am 21. Januar werden in der Kirche S. Agnese fuori le mura zur Erinnerung an Agnes zwei Lämmer gesegnet.

Agnes wurde wegen ihrer Schönheit schon früh von vielen Jungen verehrt. Mit 13 Jahren ließ sie sich taufen und entschied sich, niemals zu heiraten, denn sie wollte nur für Jesus Christus leben. Dann aber verliebte sich Claudius, der Sohn des Stadtpräfekten, in sie und wollte sie unbedingt zur Frau haben. Agnes erklärte dem Jungen sanft, aber sehr deutlich, dass sie nur Jesus im Sinn habe und Männer sie nicht interessierten. Über diese Zurückweisung war der Vater von Claudius sehr zornig. Er ordnete an, dass Agnes entführt und eingesperrt wurde. Agnes aber blieb ganz ruhig. Sie war sich sicher, dass Christus ihr helfen würde. Claudius wollte sich an Agnes rächen und ging zu ihr. Doch noch bevor er Agnes etwas antun konnte, fiel er tot zu Boden. Trotzdem tat er Agnes Leid.

Sie verzieh ihm und erweckte ihn durch ihr Gebet wieder zum Leben.

Der Vater von Claudius war so entsetzt über dieses Wunder, dass er Agnes noch am selben Tag zum Tod verurteilte. Er behauptete, sie sei eine böse Zauberin. Agnes bettelte nicht um ihr Leben, sie weinte auch nicht, denn sie war sich ganz sicher, dass auch der Tod sie nicht von Jesus trennen konnte. Vor den Augen von vielen Zuschauern sollte Agnes verbrannt werden, wie es die Verfolger der Christen damals oft machten. Doch ein Windstoß ließ plötzlich alle Flammen erlöschen. Daraufhin wurde das Mädchen mit einem Schwert getötet. Es heißt, dass dies im Jahr 304 passierte. Verehrt wird Agnes als Beschützerin der Brautpaare.

 Hast du auch schon einmal große Angst gehabt und trotzdem versucht, ganz tapfer zu sein?

Agnesa · Agnese · Agneta · Agnita
Agna · Ines · Nesa · Nete

TIMOTHEUS

TIMOTHEUS war viele Jahre lang der treueste Freund und Begleiter des großen Apostels Paulus. Paulus mochte ihn sehr und vertraute ihm in allen Situationen. Kennen gelernt hatten sich die beiden, als Paulus auf einer seiner großen Reisen in den Ort Lystra kam, wo Timotheus mit seiner Familie lebte. Lystra liegt im heutigen Land Türkei. Timotheus und seine Mutter Eunike und seine Großmutter Lois wurden Christen und ließen sich von Paulus taufen, bevor der Apostel wieder weiterreiste. Als Paulus einige Zeit später wieder nach Lystra kam, fragte Timotheus ihn, ob er ihn als Helfer bei seiner Arbeit brauchen könne, er würde ihn so gern begleiten. Paulus sagte Ja, obwohl Timotheus noch sehr jung war. Er freute sich sehr, dass Timotheus so interessiert daran war, wie er für den christlichen Glauben auf der ganzen Welt zu werben. Und natürlich war er auch froh darüber, dass er ab jetzt jemanden an seiner Seite hatte, der ihm auf seinen anstrengenden Reisen und bei der mühevollen Seelsorgearbeit helfen konnte. Und so sagte Paulus zu Timotheus: „Niemand soll dich verachten, nur weil du so jung bist. Sei den Menschen ein Vorbild in dem, was du sagst und tust, in der Liebe, im Glauben, in der Ehrlichkeit."

Timotheus wurde für Paulus schon bald ein unersetzlicher und treuer Helfer. Miteinander errangen sie große Erfolge und führten Tausende von Menschen zu Christus hin. Unermüdlich unterstützte Timotheus sein großes Vorbild Paulus in allem, was dieser tat. Um ihm seine Dankbarkeit und seine Anerkennung zu zeigen, ernannte Paulus Timotheus später sogar zu seinem Stellvertreter als Vorsteher, also als Bischof der Christengemeinde von Ephesus in der heutigen Türkei. Darüber war der junge Timotheus ganz besonders glücklich.

Es heißt, dass Timotheus nach dem Tod von Paulus für immer in Ephesus blieb und dort starb.

Willst du mehr von Paulus erfahren? Dann lies auf Seite 59 weiter!

Tim · Timm · Timme · Timo · Timmo · Tiemo · Timothy · Timothée · Timoteo · Tymoteusz · Timofej

ANGELA MERICI

VIELE hunderttausend Mädchen auf der ganzen Welt verdanken Angela von Merici ihre gute Schulausbildung. Sie alle gingen in Schulen, die vom Ursulinen-Orden eingerichtet und geführt wurden, also von der Gemeinschaft, die die heilige Angela vor fast 500 Jahren gegründet hat. Man sagt, dass Angela von Merici einer der wichtigsten Frauen war, die sich für die Ausbildung von Mädchen eingesetzt haben. Damals nämlich hielten es die Eltern noch nicht für wichtig, dass auch Mädchen gut ausgebildet waren, meistens durften nur die Jungen einen Beruf erlernen.

Angela von Merici hat für andere Menschen so viel Gutes getan, ihr selbst aber ging es im Leben oft gar nicht gut. Dies begann schon früh: Als sie 1484 zehn Jahre alt war, starben ihre beiden Eltern, und bald darauf starb auch noch ihre einzige Schwester. Doch gerade durch diese große Traurigkeit, die sie selbst spürte, sahen Angelas Augen bald sehr gut, wo andere Menschen Sorgen und Nöte hatten, vor allem die Mütter jener Zeit, die es besonders schwer hatten. Da wollte sie helfen, nahm sie sich vor und fing sofort damit an. Und schon bald wurde Angela im italienischen Brescia, wo sie lebte, nur noch „Mutter" genannt. Tag und Nacht wurde sie von Frauen jeden Alters um Rat und Hilfe gefragt.

Als dann immer mehr Mütter zu Angela kamen und sie nicht mehr alles allein schaffen konnte, beschloss sie, ihren Hilfsdienst besser zu organisieren. Sie gründete eine Frauengemeinschaft, die von nun an täglich Mädchen unterrichtete und ihnen alles Wichtige beibrachte. Daraus entstand der Ursulinen-Orden, der so

heißt, weil Angela die heilige Ursula zur Schutzpatronin der Gemeinschaft erwählt hatte. Angela von Merici starb am 27. Januar 1540. Bis zum heutigen Tag gibt es in vielen Ländern der Erde Ursulinen-Schulen.

 Kennst du ein Mädchen, das gerade eine Berufsausbildung macht?

Angelika · Angelia · Angelina · Angelique
Agnola · Angiola · Aniela · Angie · Gela
Angel · Ange

JOHANNES BOSCO

ES GIBT ein Bild von Johannes Bosco, das ihn mit einem riesigen Wolfshund zeigt. „Grigio", so hieß er, weil er ganz grau war, wich Johannes nie von der Seite, er begleitete ihn überall hin und beschützte ihn, vor allem dann, wenn Johannes nachts in dunklen Gassen unterwegs war und Angst haben musste, überfallen zu werden. Manche Leute waren nämlich neidisch auf den Erfolg, den Johannes hatte. Viele hielten ihn sogar für einen Spinner.

Johannes Bosco stammte aus dem italienischen Dorf Becchi in der Nähe der Stadt Turin. Er wurde am 16. August 1815 als armer Bauernsohn geboren und musste deshalb später ziemlich kämpfen, bis er sich seinen großen Wunsch erfüllen konnte: Priester zu werden. Nach der Priesterweihe wurde Johannes Pfarrer in Turin. Als er dort die große Not der armen Familien und der vielen verwahrlosten Straßenkinder sah, war er entsetzt und traurig. Er fasste einen Entschluss: Hier wollte er helfen und zwar schnell. Gleich am nächsten Tag begann Johannes mit der Arbeit. Er bot einem Straßenjungen, den er kannte, an, dass er immer zu ihm kommen könne, wenn er Hilfe brauche. Was passierte? Der Bub kam schon am folgenden Sonntag – und er brachte noch sechs Freunde mit, die auch kein Zuhause hatten. Das war aber nur der Anfang. Schon bald waren es Hunderte, die zu Johannes strömten. Er kochte für sie, sang mit ihnen, gab ihnen Nachhilfe und spielte Fußball mit ihnen. Die Buben waren schwer beeindruckt von Johannes Bosco, denn er hatte Kraft wie ein Bär und konnte sogar Hufeisen mit der Hand verbiegen. Nicht nur das: Er beherrschte auch die tollsten Zaubertricks, tanzte auf dem Seil und schluckte Feuer. Aber wenn dann alle ruhiger wurden und um ihn herum saßen, dann erzählte Johannes ihnen von Jesus Christus und erklärte ihnen die Wunder des Glaubens. Und er feierte den Gottesdienst mit ihnen. Das war seine Art von Jugendarbeit, und sie war sehr erfolgreich. Überall nannte man Johannes jetzt „Don Bosco", was die besondere Achtung ausdrückte, die die Menschen vor ihm hatten.

Bald errichtete Johannes Bosco auch die ersten Jugendheime. Dann begann er, sich auch noch um die Berufsausbildung seiner Jungen zu kümmern. Die Arbeit wurde mehr und mehr. Als ihm klar wurde, dass er das alles nicht mehr allein schaffen konnte und dringend Helfer brauchte, rief Johannes Gleichgesinnte zu sich und gründete einen Orden. Nach seinem großen Vorbild Franz von Sales nannte er die neue Gemeinschaft „Orden der Salesianer Don Boscos".

Johannes arbeitete nun Tag und Nacht, er schlief höchstens vier, fünf Stunden und kümmerte sich überhaupt nicht um seine Gesundheit. Seine Mutter Margherita, die ihm bei der Arbeit half, machte sich immer größere Sorgen um ihn. Tatsächlich wurde Johannes schwer krank, und da er ja schon ziemlich schwach war, erholte er sich nicht mehr. Als Don Bosco am 31. Januar 1888 starb, weinte die ganze Stadt, und auch seine Jungen schämten sich ihrer Tränen nicht.

Hast du auch schon einmal von Kindern gehört, die alleine auf der Straße leben und Hilfe brauchen?

Johann · Johan · Johanno · Jehannes · Ioannes
Hans · Hanns · Hannes · Hennes · Hanke · Hanko
Henke · Hasse · Henning · Hannemann · Jens · Jan
Jahn · Jann · Jo · Jannes · Janis · Jannis · Jons · John
Jack · Ian · Evan · Iven · Iwan · Ivan · Sean · Jean
Juan · Joanes · Giovanni · Jenik · Hanus · János
Janosch · Janus · Jukka · Jussi · Juhani

BLASIUS

SANKT Blasius, mit Wunderkraft steh' uns bei, mach unser Herz von Ängsten frei. Was uns bedrängt, das heile du, bring' Seelenruh." Seit vielen Jahrhunderten schon beten die Menschen so zum heiligen Blasius. Es gibt auch den „Blasiussegen", der am 3. Februar in den katholischen Kirchen ausgeteilt wird und der vor Halskrankheiten schützen soll.

Blasius war nach seiner Schulzeit Arzt geworden, um Kranken helfen zu können. Er war ein tiefgläubiger Christ und mochte die Menschen – das spürten alle um ihn herum genau. Eines Tages – es war etwa das Jahr 300 – wurde Blasius sogar zum Bischof ernannt. Voller Leidenschaft begann er sofort mit der Arbeit in seiner Diözese namens Sebaste. Aber das war damals sehr schwierig, weil die Christen immer noch von den römischen Herrschern verfolgt und sogar getötet wurden. Blasius musste sich deshalb oft in einer Höhle im Wald verstecken. Die Vögel brachten ihm dann Beeren zum Essen. Wilde Tiere, die verletzt in seinem Versteck Zuflucht suchten, heilte Blasius. Einmal brachte es Blasius sogar fertig, dass ein frecher Wolf einer armen alten Frau ein Schwein wieder zurückbrachte, das er ihr zuvor gestohlen hatte.

Dann aber kam der Tag, an dem auch Blasius gefangen und ins Gefängnis gebracht wurde. Und dort ereignete sich das berühmte Wunder, auf dem der „Blasiussegen" beruht: Ein Junge, der mit dem Bischof im Kerker saß, hatte eine Fischgräte verschluckt und drohte zu ersticken. Blasius betete zu Gott, den Jungen nicht sterben zu lassen. Plötzlich rutschte die Gräte durch den Hals hinunter und der Junge war gerettet. Wieder hatte Blasius einem Menschen aus der Not geholfen, wie schon so oft. Den Römern aber war die Wunderkraft des Bischofs viel zu unheimlich. Sie wollten Blasius jetzt endlich loswerden und töteten ihn. Das war etwa im Jahr 316.

❓ Weißt du noch, wann du zum letzten Mal jemandem geholfen hast?

Blasi · Blase · Blaise · Biagio · Blasco · Blazek

VERONIKA

DAS BILD von der heiligen Veronika mit einem Tuch in Händen, auf dem das Gesicht von Jesus Christus zu sehen ist, kennen viele Christen. Aber so richtig weiß man eigentlich gar nichts von ihr, und es gibt sogar Forscher, die sagen, dass Veronika vielleicht gar nicht gelebt hat. So ist alles, was man über sie erzählt, eher eine Legende. Trotzdem verehren die Menschen Veronika seit vielen hundert Jahren.

Veronika war eine sehr kranke Frau, die schon fast das ganze Geld, das sie besaß, für Ärzte ausgegeben hatte. Sie lebte zur gleichen Zeit und im gleichen Land wie Jesus. Eines Tages kam dieser nach Jerusalem. Veronika wollte ihn unbedingt sehen und machte sich auf den Weg hin zu ihm. Im riesigen Gedränge all der Menschen, die sich versammelt hatten, gelang es ihr, das Gewand von Jesus zu berühren. Und wie durch ein Wunder hatte sie mit einem Mal keine Schmerzen mehr. Veronika warf sich Jesus zu Füßen, zitternd am ganzen Körper. Sie weinte und erzählte ihm, was sie erlebt hatte. Da sprach Jesus liebevoll zu ihr: „Tochter, dein Glaube hat dir geholfen. Geh in Frieden."

Veronika blieb daraufhin in Jerusalem und kaufte ein Haus direkt am Weg hinauf zum Kalvarienberg. Als Jesus auf dem Weg zu seiner Kreuzigung direkt dort vorbeiging, gekrümmt vor Schmerzen und schweißbedeckt, rannte Veronika ihm entgegen und reichte ihm ein Leinentuch, damit er sich das Gesicht abwischen konnte. Als er es ihr wieder zurückgab, war das Abbild seines Gesichtes darauf, so erzählt die Legende. Es heißt, dass dieses Tuch später sogar den kranken römischen Kaiser Tiberius geheilt haben soll.

Die Legende von Veronika ist eng mit der Leidensgeschichte von Jesus verknüpft. In den meisten katholischen Kirchen gibt es einen Kreuzweg: Das sind Bilder, auf denen die Stationen des letzten Weges von Jesus vor seinem Tod abgebildet sind. Und Veronika ist die Hauptfigur der sechsten Kreuzwegstation.

 Können Wünsche in Erfüllung gehen, wenn man ganz fest daran glaubt?

Berenike · Beronica · Bernice · Berenice · Verona Veronia · Verena · Varena · Frauke · Vera Véronique · Vroni · Frony · Ronnie · Nicky

DOROTHEA

WIE SCHÖN sie aussieht auf den Bildern, die junge Dorothea mit ihrem Kranz aus Blüten im Haar, in der Hand ein Körbchen mit Blumen und Äpfeln, in den Augen ein Lächeln.

Dorothea lebte mit ihren Eltern und ihren zwei Schwestern Christina und Calixtin in Kappadokien, dort, wo heute die Türkei ist. Für Christen, wie es alle in Dorotheas Familie waren, war es eine schlimme Zeit, denn es gab viele Menschen, die den Gläubigen Böses tun wollten. Als Dorothea ein schönes Mädchen geworden war, wollte der Richter der Stadt – er hieß Fabricio und glaubte nicht an Jesus Christus – sie zur Ehefrau.

Sie aber sagte ihm, dass sie als Christin ihn niemals heiraten wolle. Fabricio war außer sich vor Wut und ließ Dorothea neun Tage und neun Nächte lang ohne Essen in ein Gefängnis einsperren. Doch danach kam sie gesund und noch schöner als zuvor aus dem dunklen Kerker hervor. Fabricio tobte vor Zorn. Weil er wusste, wie lieb Dorothea ihre beiden Schwestern hatte, ließ er diese holen und auf einem Platz in einem großen Feuer verbrennen. Danach sagte er Dorothea, dass nun sie an der Reihe sei und ließ sie zum Feuer führen. Sie aber antwortete ihm ganz ruhig: „Ich habe keine Angst zu sterben. Im Gegenteil, ich freue mich schon, im Garten meines Herrn Jesus Christus Rosen und Äpfel ernten zu dürfen."

Diese Worte hörte zufällig der junge Theophilus. Spöttisch rief er Dorothea zu: „Wenn du in diesen Garten kommst, schicke mir doch ein paar Äpfel und Rosen." – Und plötzlich erschien ein kleiner Junge neben dem Feuer. In der Hand hielt er, obwohl es bitterkalter Winter war, ein Körbchen mit Rosen und Äpfeln. Dorothea schickte ihn damit schnell zu Theophilus. Dieser sah den Korb mit den Blumen und den Früchten und fiel vor lauter Schreck zu Boden. Laut rief er, dass nach diesem Wunder auch er an Jesus glaube. Dorothea aber ging nun ohne Angst ins Feuer. Ihr Todesjahr war das Jahr 304.

 Dorothea wird mit einem Blumen- oder Obstkörbchen abgebildet – kennst du noch andere Heilige, die immer etwas Bestimmtes bei sich haben?

Dorothee · Doris · Dorinda · Dorina · Dorita · Dörte · Dorte · Dortje · Thea · Theda · Dora · Dore
Dorle · Dodo · Dorothy · Doreen · Doriet · Dolly · Dorothée · Dorette · Doretta · Dorota

VALENTIN

DER HEILIGE Valentin wird auf der ganzen Welt als der Beschützer der Verliebten verehrt. An seinem Gedenktag schenken sich überall Menschen, die sich lieb haben, Blumen. Und ein alter Brauch sagte einst, dass ein unverheiratetes Mädchen den jungen Mann heiraten wird, den es am Morgen des 14. Februar als erstes sieht. Wenn sich also ein Bursche in ein Mädchen verliebt hatte, wartete er schon im Morgengrauen vor seinem Haus, damit es ihn als erstes erblickte und ihn dann – so erhoffte er es sich – zum Mann erwählte.

Aber wer war denn nun dieser Liebes-Valentin und wie kommt es dazu, dass er mit dem Blumenschenken in Verbindung gebracht wird? Die Geschichte erzählt, dass Valentin Bischof einer Stadt namens Terni in Süditalien war. Die Menschen, die zu jener Zeit beteten und in die Kirche gingen, hatten es nicht leicht, denn sie wurden oft angefeindet von anderen, die noch nicht an Gott glaubten. Valentin hatte also kein leichtes Amt als Bischof, doch er ließ sich nie entmutigen. Er stellte sich auf die Plätze und die Straßen, verkündete das Evangelium und lud alle Menschen ein, zu ihm zu kommen. Und allen jungen Paaren, die bei ihm vorbeikamen, schenkte Valentin kleine, bunte Blumensträußchen aus seinem Klostergarten, um ihnen eine Freude zu machen. Eines Tages rief er allen Männern zu, doch lieber bei ihren Frauen und Kindern zu bleiben, anstatt freiwillig in den Krieg zu ziehen. Das aber ärgerte den Kaiser, der den Krieg führte, so sehr, dass er Valentin von Soldaten töten ließ.

In Italien war die Verehrung für Valentin so groß, dass in Rom gleich nach seinem Tod eine Valentinsbasilika gebaut wurde. Diese Kirche ist zwar inzwischen eingestürzt, aber in den Ruinen fand man erst vor einiger Zeit die Reste einer alten Steintafel mit Buchstaben drauf. Die Worte konnten noch entziffert werden; sie sind ein Lobgedicht auf den heiligen Valentin, welches der Papst, der zur gleichen Zeit wie Valentin gelebt hat, in den Stein hatte einmeißeln lassen.

 Hast du auch schon einmal jemandem ein Geschenk gemacht, den du sehr gern hast?

Valentius · Valentian · Valtin · Veltin · Vältin · Valten · Velten · Valentine · Valentino · Valentin
Valente · Felte · Feltes · Welty

CYRILLUS UND

DIE MISSIONARE Cyrillus und Methodius zeichnet etwas ganz Besonderes aus: Sie sind Patrone von Europa. Sie bekamen diesen Ehrentitel 1980 verliehen, über 1000 Jahre nach ihrem Tod. Der Papst wollte damit der Welt zeigen, wie wichtig die Arbeit dieser beiden Missionare war. Sie haben nämlich mehreren Völkern das Christentum nahe gebracht.

Cyrillus und Methodius kamen 826 und 827 in Thessaloniki in Griechenland zur Welt. Bei der Taufe erhielten sie zunächst die Namen Konstantin und Michael, die Namen Cyrillus und Methodius nahmen sie erst später an. Die Eltern schickten ihre Söhne auf die besten Schulen, sie waren sehr fleißige Schüler. Cyrillus wurde von seinen Mitschülern sogar „der Philosoph" genannt, weil er so gebildet war. Beide beherrschten zwei Sprachen fließend: einmal natürlich Griechisch, dazu Slawisch, die Sprache, die man in den östlichen Ländern sprach. Nachdem die beiden ihre Schulzeit und ihre Studien beendet hatten, wurde ihnen eine wichtige Aufgabe übertragen. Fürsten aus den slawischen Ländern nördlich von Griechenland hatten nämlich darum gebeten, ihnen Priester zu schicken, damit ihre Völker den christlichen Glauben erlernen konnten. Obwohl seit Christi Geburt schon über 800 Jahre vergangen waren, gab es nämlich immer noch Länder, die das Christentum noch nicht kannten. Da Cyrillus und Methodius die Einzigen waren, die die slawische Sprache sprechen konnten, wurden sie auserwählt.

Die Brüder machten sich sofort auf die Reise nach Norden und begannen mit der Arbeit. Die Menschen der fremden Völker achteten und bewunderten sie, weil sie so klug, aber auch, weil sie so freundlich waren. Bald wollten Hunderte, später Tausende Christen werden. Nun aber mussten sich Cyrillus und Methodius etwas einfallen lassen, wie sie den Menschen die Bibel verständlich machen konnten. Cyrillus erfand schließlich ganz neue Buchstaben und übersetzte die Bibel damit in die slawische Sprache. Die neue Schrift wurde nach ihm kyrillische Schrift genannt. Und man stelle sich vor: Noch heute, über 1000 Jahre später, wird diese Schrift in Russland, Bulgarien und Serbien genutzt. Nun wollten Cyrillus und Methodius auch die Gottesdienste in slawischer Sprache halten. Sie entschieden sich, dafür vorsichtshalber die Erlaubnis vom Papst einzuholen und reisten nach Rom. Der Papst war stolz auf die großen Missionserfolge der beiden Brüder und hielt den ersten Gottesdienst auf Slawisch gleich am nächsten Tag in Rom in der Kirche Santa Maria Maggiore ab. Wenige Tage später aber erkrankte Cyrillus und starb noch in Rom, erst 43 Jahre alt. Das war 869. Methodius kehrte allein zurück zu den Slawen und wirkte noch einmal 16 Jahre erfolgreich bis zu seinem Tod im Jahr 885.

Es waren also Cyrillus und Methodius, die Gesandten aus Griechenland, die den christlichen Glauben in die slawischen Länder brachten. Das war etwas ganz Wichtiges und Großes, und die Menschen dort sind den Brüdern dafür bis heute dankbar. Beide werden deshalb auch „Apostel der Slawen" genannt.

Welche Länder auf der Erde kennst du?

Cyrill · Kyrill(us) · Cyril · Cyrille · Kirill   Method · Metodio

METHODIUS

MATTHIAS

MATTHIAS heißt übersetzt „Geschenk Gottes". Ein wunderschöner Name für ein neugeborenes Kind! Besonders in und um Trier hießen lange Zeit viele Jungen Matthias, denn in der Matthias-Basilika der Stadt wird seit Jahrhunderten der Apostel Matthias verehrt.

Zunächst hatte Matthias gar nicht zum Kreis jener Zwölf Apostel gehört, die Jesus als seine engen Begleiter auserwählt hatte. Doch dann geschah es eines Tages, dass der Apostel Judas den Feinden von Jesus verriet, wo der Gottessohn sich gerade zum Gebet versteckt hatte. Als Judas erkannte, dass er etwas Furchtbares getan hatte, war es zu spät, Jesus war schon gefangen genommen worden. Da wollte Judas nicht mehr leben und tötete sich selbst. Für ihn musste nun ein neuer Apostel gefunden werden, denn Jesus hatte ja ganz bewusst zwölf Männer erwählt: zwölf Männer für die zwölf Völkergruppen in Israel, wo Jesus lebte. Es gab zwei Bewerber für diesen zwölften Apostelplatz: einmal Josef Barsabbas, genannt „der Gerechte", und eben Matthias. Beide waren hoch geachtet, und so musste schließlich das Los entscheiden. Es fiel auf Matthias.

Matthias erfuhr wenige Tage nach seiner Apostelwahl zusammen mit den anderen Jüngern von der Auferstehung von Jesus. Tief bewegt über dieses Ereignis machte er sich danach sofort auf, um überall, wo er hin kam, davon zu berichten. Er zog Jahre um Jahre von Land zu Land und bekehrte und taufte Tausende von Menschen. Aber es gab auch Menschen, die ihm Schaden zufügen wollten. So kam es, dass ihm eines Tages jemand einen Becher mit vergiftetem Wein reichte. Matthias merkte das zwar, sagte aber nichts. Er betete leise und trank den Becher dann in einem Zug aus. Und er überlebte! Seine Gegner waren so erschrocken über dieses Wunder, dass sie begannen, Steine auf ihn zu schleudern. Schließlich fiel der völlig erschöpfte Matthias zu Boden, einer der Steinewerfer tötete ihn.

Hast du auch schon einmal bei einer Wahl mitgemacht und ein anderer hat dann gewonnen?

Mattias · Mattia · Matheis · Mathis · Matti
Mathew · Mathieu · Mats · Matous · Matwei

KASIMIR

KASIMIR war ein Königskind. Sein Vater war König Kasimir IV. von Polen, seine Mutter Königin Elisabeth, die aus Österreich an den Hof ihres Ehemannes gekommen war. Kasimir hatte noch zwölf Brüder und Schwestern, er war der drittälteste. Schon früh zeigte sich, dass er ganz anders war als seine Geschwister. Ihn interessierten der ganze Prunk und der Reichtum am Königshof überhaupt nicht, er war lieber allein in der Schlosskirche. Doch das war noch nicht alles: Kasimir mochte sein reiches Leben so wenig leiden, dass er auf dem harten Fußboden anstatt in seinem weichen Bett schlief. Jeden Morgen besuchte er den Gottesdienst und konnte es davor kaum erwarten, bis der Pfarrer kam und die Kirchentür aufschloss.

Als Kasimir älter geworden war, zog er unter seiner Jacke ein hartes Hemd aus Eisen an. Auch fastete er streng und gab sein Essen lieber den Armen, ebenso wie auch sein ganzes Taschengeld. Als ein Hofangestellter einmal den Kopf über ihn schüttelte und meinte, ein solches Benehmen passe doch nicht zu einem Königssohn, antworte ihm Kasimir ganz ruhig, dass Christus gesagt habe, wer den Armen diene, diene damit auch ihm. Da schämte sich der Mann und bat um Verzeihung für seine Worte.

Eines Tages sollte Kasimir König des Nachbarlandes Ungarn werden. Er aber lehnte diese Ehre zum Erstaunen aller ab. Er hatte sich inzwischen nämlich entschieden, dass er nie eine Krone tragen und nie einem Volk dienen wolle, sondern nur Gott. Seine Familie respektierte den Entschluss und ließ ihn von da an sein eigenes Leben führen. Dann aber wurde Kasimir plötzlich sehr krank, und da sein Körper durch das viele Fasten sehr geschwächt war, erholte er sich nicht mehr. Erst 25 Jahre alt, starb Kasimir am 4. März 1484 im Kreis seiner Familie. Sie beweinte ihn, aber alle spürten auch, dass Kasimir nun dorthin gegangen war, wohin er sich immer gesehnt hatte: zu Jesus Christus.

 Wie stellst du dir das Leben eines Prinzen vor?

Casimir · Casimiro · Kazimierz · Kazsmér

JOHANNES VON GOTT

JOHANNES war ein Ausreißer. Noch nicht einmal ganz acht Jahre alt, packte er eines Tages einen kleinen Rucksack mit seinen Lieblingssachen voll und verließ heimlich sein Elternhaus. Vielleicht tat er es, weil er der großen Armut in seinem Elternhaus entfliehen wollte, vielleicht aber auch aus Abenteuerlust. Mehrere Jahre arbeitete der Junge als Hirte auf den Feldern von Bauern. Als Johannes alt genug war, erfüllte er sich seinen großen Wunsch: Er meldete sich freiwillig als Soldat. Bei seinen Vorgesetzten war er bald als der Mutigste von allen bekannt. Manchmal übertrieb es Johannes aber auch ganz schön. So stürzte er eines Tages bei einem seiner wilden Ausritte vom Pferd und verletzte sich sehr schwer. Er musste sein Soldatenleben aufgeben und von da an als Verkäufer arbeiten.

Viele Jahre später hörte Johannes einem Wandermönch bei seiner Predigt über das Leid von verlassenen kranken Menschen zu. Da wusste er auf einmal: Diesen Ärmsten unter den Kranken wollte er ab sofort helfen. Gleich am nächsten Tag machte sich Johannes an die Arbeit. Schon bald hatte er so viel Geld erbettelt, dass er ein Krankenhaus einrichten konnte, in dem von nun an die Geisteskranken der Stadt gepflegt wurden. Tag und Nacht stand Johannes selbst an den Betten dieser Kranken, wusch sie und fütterte sie und schenkte ihnen liebevolle Fürsorge. Schon bald nannte man ihn überall nur noch den „Vater der Kranken und Behinderten", ja, man gab ihm sogar den Beinamen „von Gott".

Bald bekam Johannes Hilfe, denn immer mehr Männer unterstützten ihn freiwillig bei der Krankenpflege. Aus dieser Gemeinschaft entstand dann sogar ein richtiger Orden, dessen Mitglieder sich „Barmherzige Brüder" nannten. Bis heute gibt es diese Barmherzigen Brüder auf der ganzen Welt, überall versorgen sie kranke Menschen, um die sich sonst niemand kümmern würde. Und Johannes sagte: „Auch im Gesicht eines Behinderten spiegelt sich das Bild Gottes."

Kennst du auch jemanden, der krank oder behindert und ganz allein ist?

Johann · Johan · Johanno · Jehannes · Ioannes · Hans · Hanns · Hannes · Hennes · Hanke · Hanko · Henke · Hasse · Henning · Hannemann · Jens · Jan · Jahn · Jann · Jo · Jannes · Janis · Jannis · Jons · John · Jack · Ian · Evan · Iven · Iwan · Ivan · Sean · Jean · Juan · Joanes · Giovanni · Jenik · Hanus · János · Janosch · Janus · Jukka · Jussi · Juhani

FRANZISKA von Rom

JEDES Jahr am 9. März versammeln sich vor der Kirche Santa Maria Nova in Rom viele Polizeiautos, Busse, Krankenwagen und Privatautos. Ihre Fahrer kommen, um sich den Segen der heiligen Francesca Romana zu holen, die in der Kirche beigesetzt ist. Franziska von Rom ist nämlich die Patronin der Autofahrer. Ein bisschen seltsam ist das schon, denn Francesca lebte ja im 15. Jahrhundert, und da gab es noch gar keine Autos. Aber es gibt eine ganz einfache Erklärung: Francesca hatte nämlich einen persönlichen Schutzengel, und die Autofahrer brauchen ja auch einen Schutzengel.

Franziska von Rom hatte in ihrem Leben großes Leid ertragen müssen. In einem Krieg verlor ihre Familie alles, was sie besaß, dann wurde Francescas geliebter Ehemann Lorenzo gefangen genommen und für mehrere Jahre verschleppt, kurz darauf auch ihr Sohn Battista. Dann starb Francescas sieben Jahre alter Sohn Evangelista an der Pest, wenige Monate später auch die sechsjährige Tochter Agnese. Francesca war so traurig, dass sie fast keinen Mut mehr hatte weiterzuleben. Ohne ihren Schutzengel, der immer an ihrer Seite war und mit dem sie oft sprach, hätte sie nicht mehr weiter gewusst. Er war es auch, der ihr eines Tages riet, dass sie ihre Kraft doch den Armen und Kranken von Rom schenken könnte. Francesca hörte auf ihn. Sie änderte ihr ganzes Leben und pflegte von nun an liebevoll die Kranken und Sterbenden in den Krankenhäusern der Stadt. Sogar ihr eigenes Haus wandelte sie in ein Hospiz für seelisch kranke

Menschen um. Oft zog Francesca durch die Straßen von Rom und verteilte Almosen unter den Armen; dabei wurde sie immer von ihrer treuen Eselin begleitet.

Um noch mehr Unterstützung für ihre Arbeit zu bekommen, gründete Franziska von Rom dann sogar eine christliche Gemeinschaft von Frauen, die sich Oblatinnen nannten und ihr von nun an tatkräftig zur Seite standen. Am 9. März 1440 starb Francesca Romana. Ganz Rom weinte um sie.

 Glaubst du, dass auch du einen Schutzengel hast?

Francesca · Francoise · Francette · Francisca
Franciska · Frasquita · Franzi · Ziska · Zissy
Fanny · Fanni · Franja · Franeka · Frantiska

PATRICK

AM 17. MÄRZ wird in ganz Irland gefeiert. Es ist St. Patrick's Day, der Festtag von Landespatron Patrick. Wie sehr der Heilige von den Iren geliebt wird, sieht man am besten an diesem 17. März: Häuser, Plätze und Straßen und sogar die Autos sind mit Girlanden geschmückt. Aber nicht nur das, sogar die Menschen schmücken sich, an ihrer Kleidung tragen sie grüne dreiblättrige Kleeblätter. Das Kleeblatt ist das Symbol, das zu Patrick gehört. Das kommt daher, weil er, als er später Bischof war, den Menschen mit den drei Blättern des Kleeblatts die Dreifaltigkeit erklärt hat.

Patrick kam um das Jahr 385 in England zur Welt. Als er etwa 15 Jahre alt war, passierte etwas Schlimmes: Banden von der Nachbarinsel Irland fielen in England ein, sie plünderten Häuser und stahlen alles, was sie in die Finger bekamen. Zuletzt nahmen sie sogar noch Menschen als Sklaven mit. Auch Patrick wurde nach Irland verschleppt und musste nun als Hirte bei einem der Räuber arbeiten. Erst nach mehreren Jahren, als er schon ein junger Mann war, gelang ihm die Flucht. Er fand ein Schiff, das ihn mit übers Meer nach Gallien nahm, wie zu jener Zeit das Land Frankreich hieß. Dort konnte er sich endlich seinen großen Wunsch erfüllen: Er ging in ein Kloster und wurde Mönch. Da er früher ein ziemlich schlechter Schüler gewesen war und nie richtig gelernt hatte, drückte Patrick jetzt freiwillig noch einmal die Schulbank, um besser Rechnen, Schreiben und Lesen zu lernen und sein Wissen über alle wichtigen Dinge des Lebens zu vergrößern. Als er alles geschafft hatte, wurde er zum Bischof geweiht.

Patrick hatte nun einen Plan: Während seiner Gefangenschaft in Irland hatte er ja mitbekommen, dass die Menschen dort noch nicht an Jesus Christus glaubten. Ihnen wollte er jetzt den Glauben bringen. Er lernte extra die Sprache der Iren, dann reiste er mit 24 Gefährten per Schiff nach Irland. Mutig und gegen den Widerstand vieler Menschen, die ihn wieder vertreiben wollten, verkündete Patrick mit seinen Missionaren überall, wo er hinkam, das Wort Gottes. Die Männer bauten kleine Kirchen aus Holz und Lehm und Blättern, so dass es schon bald an jedem Ort einen Versammlungsraum gab. Patricks Erfolg wurde größer und größer. Immer mehr Menschen strömten herbei und hörten ihm zu und immer mehr ließen sich taufen. Bald wurde Irland sogar „Insel der Heiligen" genannt, weil es dort so viele gläubige Menschen gab.

Immer mehr Missionare sammelten sich in den Jahren um den verehrten Patrick, und bald zogen die ersten von ihnen hinaus in andere Länder und verbreiteten auch dort das Christentum. Als Patrick nach einem langen und erfüllten Leben am 17. März 461 starb, hinterließ er ein großes Werk. Seine Arbeit wurde viele Jahrhunderte später noch einmal fortgesetzt: Als Tausende von Iren auf der Suche nach Arbeit nach Amerika und Australien auswanderten, brachten sie den Glauben auch auf diese Kontinente. Sogar dort gibt es bis heute Orte, in denen am 17. März fröhlich der St. Patrick`s Day gefeiert wird.

 Weißt du noch, wann du das erste Mal von Gott gehört hast?

Patric · Patrik · Patricius · Patrizius · Patriz · Patrice · Patrizio · Patrico · Paddy · Patty · Pat · Paris

JOSEF

JOSEF gehört zu den besonders liebenswerten Heiligen in unserer Kirche. Er wird auf der ganzen Welt verehrt, überall begeht man den Josefitag am 19. März. Die Verehrung für Josef gibt es, solange man denken kann, und doch gab es noch einmal einen großen Aufschwung, als der Papst ihn 1870 zum Schutzpatron der ganzen katholischen Kirche ernannte. Wie sehr Josef vor allem im Leben der Familien verwurzelt ist, zeigt sich daran, dass er auch der Patron der Ehepaare und der christlichen Familien ist und außerdem der Schutzheilige der Kinder und Jugendlichen. Dazu passt das älteste Josef-Bildnis, das wir kennen: Es stammt aus dem dritten Jahrhundert und zeigt Josef, wie er neben der Krippe steht und schützend seine Hand über Maria und das Jesuskind hält.

Josef arbeitete als Zimmermann und Schreiner in Nazaret. Maria war seine Verlobte, die er bald heiraten wollte. Eines Tages erzählte Maria ihm, dass sie ein Kind erwartete. Josef war verletzt und traurig, denn er war nicht der Vater dieses Kindes. Nach einigem Nachdenken beschloss er, sich in aller Stille von Maria zu trennen und niemandem etwas von der ganzen Sache zu erzählen. Bevor er Maria aber seinen Entschluss mitteilen konnte, erschien ihm ein Engel. Der sprach zu ihm: „Josef, Sohn Davids, fürchte dich nicht, Maria als deine Frau zu dir zu nehmen. Denn das Kind, das sie erwartet, ist vom Heiligen Geist. Sie wird einen Sohn gebären, ihm sollst du den Namen Jesus geben. Denn er wird sein Volk von seinen Sünden erlösen." Josef verstand nicht genau, was hier passierte, aber er fühlte, dass ihm eine wichtige Aufgabe übertragen wurde. Er blieb bei Maria und war fortan ihr Lebensgefährte und Beschützer.

Wegen der Eintragung in die Steuerlisten musste Josef bald darauf in die Stadt Betlehem reisen. Er nahm die hochschwangere Maria mit, damit sie immer in seiner Nähe war und er gut auf sie achten konnte. Auf dem Weg setzten bei ihr die Wehen ein. Das Paar bat in mehreren Häusern um Unterkunft, doch niemand öffnete die Tür. So kam das Baby in einem Stall auf dem Feld zur Welt, wo Maria und Josef in ihrer Not im letzten Moment Unterschlupf gefunden hatten. Josef nannte den neugeborenen Jungen Jesus, genau wie der Engel es gewollt hatte. In der Stadt Nazaret ließ sich die kleine Familie dann nieder.

Josef wurde Jesus ein guter und fürsorglicher Vater, er erzog ihn liebevoll und brachte ihm viele Dinge bei, vor allem auch Achtung und Respekt vor seiner Mutter Maria. Josef kümmerte sich auch darum, dass Jesus eine gute Schulausbildung erhielt. Man nimmt übrigens an, dass Jesus später wie Josef das Zimmermannshandwerk erlernte. Das letzte Mal, dass man Josef öffentlich sah, war, als er mit dem zwölfjährigen Jesus an der alljährlichen Wallfahrt nach Jerusalem teilnahm. Bald darauf soll er friedlich im Kreis seiner Familie gestorben sein.

 Was besprichst du eher mit deinem Vater, was lieber mit deiner Mutter und warum ist das so?

Joseph · Sepp · Peppi · Jupp · Josel · José · Giuseppe · Beppo · Beppe Peppone · Peppino · Pepe · Pepito · Joe · Joey · Josip · Józef · Józsa Jussuf · Yussuf · Jossif · Ossip

Josef erlebte so also nicht mehr mit, wie Jesus der Welt später von seinem anderen Vater erzählte, von Gott, seinem Vater im Himmel, in dessen Auftrag er als Messias zu den Menschen auf die Erde gekommen war. Wäre Josef da noch am Leben gewesen, hätte er mit einem Mal genau verstanden, was der Engel damals meinte, als er ihn bat, bei der schwangeren Maria zu bleiben und ihr bei ihrer großen Aufgabe beizustehen.

BENJAMIN

BENJAMIN nennt man manchmal liebevoll den jüngsten Sohn in einer Familie, auch wenn er eigentlich ganz anders heißt. Die Geschichte von Benjamin ist der Grund dafür, denn er war der jüngste Sohn seines Vaters Jakob. Manche Eltern taufen ihren Sohn nach der Geburt auch richtig auf Benjamin, weil der Name eine so schöne Bedeutung hat: „Sohn des Glücks".

Das Leben unseres Benjamin aber begann traurig. Seine Eltern hießen Rahel und Jakob, Rahel war die zweite Frau von Jakob, beide lebten lange vor Christi Geburt. Die Ehe blieb viele Jahre kinderlos, worüber Rahel sehr unglücklich war, denn Jakobs erste Frau Lea hatte sechs Söhne und eine Tochter geboren. Doch Jakob, der Rahel sehr liebte, tröstete sie immer wieder und machte ihr Mut, weiter fest auf ein gemeinsames Kind zu hoffen. Und tatsächlich wurde dann doch noch Sohn Josef geboren und Jahre später auch Benjamin. Rahel aber spürte schon während der Geburt von Benjamin, dass sie bald sterben würde, und deshalb gab sie dem neugeborenen Kind den Namen Benoni, also „Sohn des Unglücks". Jakob jedoch taufte ihn Benjamin, „Sohn des Glücks", denn für ihn war es ein großes Glück, mit Rahel noch ein zweites Kind bekommen zu haben.

Nachdem Rahel gestorben war, kümmerte sich Jakob liebevoll um seinen jüngsten Sohn. In der Sorge, dass Benjamin etwas zustoßen konnte, behielt er ihn immer im Auge. So war es für ihn auch schwer, Benjamin einige Jahre später zusammen mit seinen Halbgeschwistern nach Ägypten reisen zu lassen, damit er seinen älteren Bruder Josef, der dort arbeitete, besuchen konnte. Doch die Geschwister passten gut auf ihren kleinen Bruder auf, und so kamen alle gesund wieder nach Hause.

Als Mann wurde Benjamin der Vater eines wichtigen Volkes in Israel, das später nach ihm Benjaminiter genannt wurde. Auch der Apostel Paulus ging lange Zeit später aus dieser Familie hervor.

Kennst du auch ein Kind, das das jüngste unter mehreren Geschwistern ist?

Ben · Benno · Bienes · Benny · Benjy · Beni · Beniamino

BERNADETTE

IN FRANKREICH gibt es einen sehr berühmten Wallfahrtsort, er heißt Lourdes – und er entstand vor 150 Jahren durch Bernadette. Wie geschah das? Bernadette Soubirous kam 1844 in Lourdes zur Welt. Ihre Eltern waren sehr arm, und als kleines Mädchen war Bernadette oft krank, vor allem Husten und Atemnot schwächten sie sehr. Ihre größte Freude fand sie darin, mit Gott zu sprechen und ihm ihre Sorgen anzuvertrauen.

Eines Tages passierte etwas ganz Außergewöhnliches: Die 14jährige Bernadette war beim Holzsammeln im Wald, als sie ein starkes Rauschen hörte. Aus den sich heftig hin und her biegenden Büschen erschien plötzlich in einer goldschimmernden Wolke eine Frau – und verschwand wieder. Bernadette erzählte niemanden von diesem Erlebnis, ging aber von nun an jeden Tag zu der Stelle, wo sie die „Dame", wie sie die Erscheinung nannte, gesehen hatte. Und tatsächlich: die Frau kam wieder und gab sich Bernadette als Gottesmutter Maria zu erkennen. Bei der nächsten Begegnung forderte Maria Bernadette auf, in einer nahen Grotte Wasser aus der Quelle zu trinken. Als Bernadette hinkam, war da aber gar keine Quelle. Sie grub ein wenig mit den Händen in der Erde, und plötzlich begann eine Quelle herauszusprudeln. Nun war Bernadette so aufgeregt, dass sie endlich allen von ihren Erlebnissen berichten musste. Doch wem auch immer sie davon erzählte, man hielt sie für eine Lügnerin. Aber ein Mann aus Lourdes, der blind war, ging vertrauensvoll mit ihr zur Quelle. Er befeuchtete seine Augen mit dem Wasser – und mit einem Mal konnte er wieder sehen. Ein Wunder! Andere Wunder folgten, und so wurde Lourdes bald zu einem riesigen Wallfahrtsort – und ist es bis heute geblieben.

Bernadette aber wollte den ganzen Trubel um ihre Person nicht und zog sich still in ein Kloster zurück, wo sie bis zu ihrem frühen Tod am 16. April 1879 lebte.

 Hast du schon einmal von einem Wunder gehört, das sich irgendwo ereignet hat?

Bernharda · Bernhardine · Berendina · Berna · Bernardina · Bernarda · Bernarde · Nadette

KONRAD VON PARZHAM

WENN DER kein Heiliger wird, dann wird es niemand." Das sagten die Leute über einen jungen Mann, der Johann Birndorfer hieß und in Parzham in Bayern einen großen Bauernhof geerbt hatte. Es war nämlich so, dass Hansl, wie Johann von allen genannt wurde, viel lieber für Gott gearbeitet hätte, anstatt jeden Tag Felder, Wiesen und Kühe zu versorgen. Immer am Sonntag, seinem freien Tag, wanderte er von morgens bis abends von einer Kirche zur anderen, um möglichst viele Gottesdienste zu erleben. Bald schon verspotteten ihn seine Freunde als „Betbruder", doch das störte Johannes überhaupt nicht, denn innerlich hatte er sich längst für ein neues Leben entschieden. Aber erst nach Jahren traute er sich, seiner Familie mitzuteilen, dass er ins Kloster gehen wollte. So wurde er endlich mit 31 Jahren Kapuzinermönch in Altötting, das ist auch in Bayern. Er bekam einen neuen Namen und war von da an Konrad.

Im Kloster erhielt Konrad die Aufgabe des Pförtners übertragen. Von nun an arbeitete er fast rund um die Uhr. Von morgens bis abends läuteten die Hilfesuchende an seiner Klosterpforte und wollten von ihm Auskunft, Hilfe oder Essen bekommen. Es waren Wallfahrer, Bettler, Kinder, Reisende und Arbeitssuchende, einfach alle, die etwas brauchten. Bald war Konrad nicht mehr wegzudenken von der Klosterpforte. Oft war er müde und erschöpft, da er ja auch noch um Mitternacht immer zum Gottesdienst musste. Nie aber ließ er dies jemand spüren, immer war er freundlich und voller Güte. Wenn man Konrad fragte, woher er die Kraft nahm, alles zu schaffen, antwortete er nur: „Aus meinen Gebeten zu Gott."

41 Jahre saß Konrad so Tag für Tag als gute Seele des Klosters in seiner Pforte. Dann, eines Morgens, sagte er mit einem Mal: „Jetzt geht's nimmer." Ruhig legte er sich in seiner Zelle auf sein Bett, und drei Tage später schlief er für immer ein. Es war der 21. April 1894. Sein Grab in der Bruder-Konrad-Klosterkirche in Altötting ist bis heute ein Wallfahrtsort.

 Ist zu dir einmal jemand gekommen und hat dich um Hilfe gebeten?

Conrad · Conradus · Kurt · Curt · Kort · Coert · Kord · Cord · Kuno · Kunz · Konz · Conz · Konny Conny · Connie · Koenraad · Conrado · Corrado

ADALBERT

DIE GESCHICHTE des heiligen Adalbert ist zum einen eine traurige Geschichte. Sie erzählt von einem Mann, der sein Bestes gegeben hat, aber an Menschen gescheitert ist, die ihn zurückwiesen und quälten. Die Geschichte ist aber auch eine gute Geschichte, denn dieser Mann wird bis heute, 1000 Jahre nach seinem Tod, „der Brückenbauer zwischen Ost und West" genannt.

Adalbert – auf Tschechisch Vojtech – kam um 956 als Sohn einer Fürstenfamilie zur Welt. Im Alter von erst 27 Jahren wurde er schon zum Bischof ernannt. Seine Diözese war Prag, das damals im Land Böhmen lag und heute die Hauptstadt von Tschechien ist. Adalbert, überglücklich, ein eigenes Bistum zu haben, begann gleich voller Tatkraft, den Menschen den christlichen Glauben zu verkünden. Doch schon bald hatte er große Probleme: Die Menschen nämlich, die das Christentum ablehnten, beschimpften ihn, drohten ihm, er solle verschwinden und vertrieben ihn schließlich mit Gewalt. Adalbert war sehr traurig und zog sich tief enttäuscht für mehrere Jahre in ein Kloster zurück.

Auf inständiges Bitten des Papstes kehrte Adalbert wieder nach Prag zurück. Er gründete ein großes Kloster, das schon bald von vielen Mönchen bewohnt wurde. Man sagt, dass von diesem Kloster aus und damit durch Adalbert das Christentum in ganz Osteuropa verbreitet wurde. Aber seine Gegner ließen Adalbert wieder nicht in Frieden und vertrieben ihn erneut. Das Schlimmste aber war, dass sie seine Brüder und Schwestern töteten. Adalbert war völlig verzweifelt. Nach einer monatelangen Wanderschaft kam er in die Gegend von Ostpreußen und wollte hier in Ruhe das Evangelium verkünden. Zunächst hatte er auch große Erfolge, dann aber begegneten ihm auch dort die Menschen, die keine Christen werden wollten, mit Hass. Schließlich ermordeten sie ihn. An seinem Todestag, dem 23. April 997, war Adalbert erst 40 Jahre alt.

Hast du auch schon erlebt, dass jemand dich nicht mag, und wie hast du da reagiert?

Adelbert · Albert · Albrecht · Aldebert · Edelbert · Adelbrecht · Adalbrecht · Brecht · Bert · Abo
Abel · Albo · Abbo · Abo · Adalberto · Adalbero · Ethelbert · Bela · Vojtech · Woitech

GEORG

GEORG kämpft mit dem Drachen. Wir alle kennen das Bild. Ein Mann nimmt es mit einem Drachen auf, was bedeutet, dass dieser Mann sehr mutig ist, dass er keine Angst hat. Denn der Kampf könnte ihn ja sein Leben kosten, er könnte dabei sterben. Wir wissen also: Der Name Georg steht für Tapferkeit.

Wissen wir aber auch, wer dieser tapfere Georg war, der bis heute weltweit als einer der 14 Nothelfer verehrt wird? Der Christ Georg lebte um 300 und war Soldat im Römischen Reich. Wegen seiner Tapferkeit war er beim Kaiser, der ihn sehr schätzte, immer willkommen. Die Legende erzählt, dass damals ein fürchterlicher Drache die Stadt bedrohte. Jeden Tag verlangte er ein Tier und einen Menschen zum Fraß, anderenfalls würde er die Stadt zerstören. Die Menschen waren verzweifelt. Dann fiel das Los auf die Tochter des Königs, sie war die nächste, die geopfert werden sollte. Der König weinte, denn er liebte sein Kind über alles. Nun schritt Georg zur Tat. Zusammen mit der Prinzessin erwartete er den Drachen, fest entschlossen, die Stadt von dem Untier zu befreien. Der Drache kam zischend und keuchend heran, spuckte Feuer und trampelte alles nieder, was ihm im Weg war. Georg bekreuzigte sich, sprang auf sein Pferd und ritt furchtlos auf den Drachen zu. Mit seiner Lanze stach er dem Ungeheuer in den Hals, worauf es plötzlich ganz zahm wurde. Georg und die Prinzessin fesselten den Drachen mit einem dicken Seil und zerrten ihn in die Stadt hinein. Dort tötete Georg ihn mit einem einzigen Hieb. Der König schenkte Georg aus Dankbarkeit Säcke voller Gold, der aber verteilte alles unter den Armen, für sich selbst wollte er nichts.

Einige Zeit später ordnete ein neuer römischer Kaiser eine schlimme Christenverfolgung an. Auch Georg wurde gefangen genommen und schließlich getötet. Als tapferer Christ und Drachenbekämpfer aber lebt er in unserem Glauben bis heute weiter.

❓ Gab es in deinem Leben einmal eine Situation, in der du dich ganz tapfer gefühlt hast?

Schorsch · Jürgen · Jürg · Jörg · Jörgen · Jörn · Jürn · Jork · York · Görres · Gerg · Girg · Girgel Görgel · Görge · Gorch · George · Georgius · Georges · Giorgio · Georgio · György · Georgij · Jurij Juri · Jiri · Jurek · Jerzy · Jorge · Jorgen · Joris · Göran · Jöran

MARKUS

KENNST du den Heiligen mit dem Löwen? Das ist Markus. Er schrieb eines der vier Evangelien, die anderen drei stammen ja von Matthäus, Lukas und Johannes. Das Elternhaus von Markus in Jerusalem war ein ganz besonderer Ort. Dort trafen sich nämlich die Zwölf Apostel von Jesus, da besprachen sie sich und erhielten von Jesus Anweisungen. Die Mutter von Markus versorgte sie dabei mit Essen und Trinken. Markus berichtete später, dass das Letzte Abendmahl, das letzte Treffen von Jesus mit seinen Gefährten vor seinem Tod, im Haus seiner Familie stattgefunden hat.

Nach dem Kreuzestod von Jesus ging Markus zunächst mit dem Apostel Paulus auf eine Missionsreise nach Kleinasien, also dorthin, wo heute die Türkei liegt. Markus lernte viel von Paulus, der ein großartiger Missionar war und die Menschen schnell für sich gewann. Im Gegensatz zum temperamentvollen Paulus war Markus ein eher stiller Mann. Er hatte seine eigenen Ideen, wie er den Menschen den Glauben verkünden wollte. Darüber kam es schließlich zum Streit mit Paulus, worauf sich die beiden trennten. Markus machte sich auf die Suche nach Petrus, den er verehrte und der für ihn wie ein Vater war. Petrus nannte Markus oft auch „mein Sohn". Als Markus erfuhr, dass Petrus inzwischen in Rom war, begab er sich auf die Reise dorthin, denn er wollte ihn unbedingt sehen. In der Zeit, die die beiden dann zusammen verbrachten, erzählte Petrus Markus alles über Jesus. Und Markus schrieb jedes Wort auf, denn er fand alles so spannend, dass er wollte, dass es auch andere erfuhren. Und so entstand das Markus-Evangelium.

Als Petrus tot war, zog Markus als Missionar nach Ägypten, wo er bald große Erfolge hatte und viele Menschen taufte. Das aber ärgerte jene Menschen, die das Christentum ablehnten. Sie überfielen Markus eines Tages, als er am Altar betete, und schleiften ihn an einem Strick so lange über die Straße, bis er tot war. Daraufhin aber ließen sich noch viel mehr Menschen taufen als vorher schon, und alle trugen das Wort Gottes in die Welt hinaus.

 Wie wäre alles gekommen, wenn niemand die Geschichte von Jesus aufgeschrieben hätte?

Marcus · Mark · Marc · Marx · Marks · Merkel
Marco · Marko · Marek

KATHARINA VON SIENA

KATHARINA erhielt schon zu Lebzeiten einen liebevollen Namen: Man nannte sie „Mama", weil man ihre Sorge um Kranke, Schwache und Verlassene so bewunderte. Katharina freute sich darüber, aber für sie war es ganz selbstverständlich, dass sie armen Menschen half. Sie war sich sicher, dass man nur auf diesem Weg zu Gott findet, also nur dann, wenn man in Nächstenliebe auf andere zugeht und hilft. Katharina wusste ja, dass schon Jesus gesagt hatte: „Was ihr dem Geringsten unter uns tut, das tut ihr mir." Und genau das wollte sie.

Doch bis Katharina erwachsen war, musste sie viel durchmachen. Und das ist ihre Geschichte: Als 24. von 25 Kindern ihrer Eltern wurde Katharina im Jahr 1347 in Siena in Italien geboren. Ihr Vater war Giovanni Benincasa, der im Armenviertel der Stadt eine kleine Wollfärberei betrieb. Als Katharina schon als kleines Mädchen immer wieder sagte, dass sie nie heiraten werde, erklärten ihr die Eltern, dass sie heiraten müsse, damit sie versorgt sei. Ernst nahmen sie die Worte ihrer kleinen Tochter noch nicht. Und so kam der Tag, an dem Vater und Mutter Benincasa der zwölfjährigen Katharina den Bräutigam vorstellten, den sie für die Tochter ausgesucht hatten. Als Katharina merkte, dass es nun Ernst wurde und sie handeln musste, stellte sie sich vor Mutter, Vater und Bräutigam hin und erklärte laut und bestimmt: „Ich heira-

te nicht." Von diesem Tag an musste sie viele Demütigungen durch ihre Familie erleiden, auch die älteren Geschwister hänselten und verspotteten sie. Als Katharina dann mit 13 Jahren auch noch die Pocken bekam und ihr Gesicht durch Narben ganz entstellt wurde, ging sie nicht mehr unter die Menschen. Immer wieder aber hatte Katharina in dieser Zeit Visionen, also Erlebnisse, bei denen Gott zu ihr sprach und sie aufforderte durchzuhalten, weil er für sie eine wichtige Aufgabe bereithalte. Das hielt sie am Leben.

Dann endlich mit 18 Jahren durfte Katharina in Siena ins Kloster eintreten. Aufopferungsvoll pflegte sie von nun an Tag und Nacht Kranke und Sterbende, sie half, wo Hilfe gebraucht wurde. Wenn jemand in Not war, war sie zur Stelle. Es gab aber auch Menschen, die schlecht über sie redeten. So passierte es einmal, dass sich ein Mann darüber aufregte, dass Katharina einem frierenden Bettler auf der Straße ihren Ordensmantel gab, damit er sich wärmen konnte. Sie aber antwortete ihm nur: „Ich will mich lieber ohne Mantel als ohne Liebe finden lassen."

 Bist du schon einmal von deinen Freunden oder Geschwistern ausgelacht worden?

Katharine · Kathrin · Katrin · Cathrin · Kathrein · Karin · Karen · Käthe
Kati · Katja · Nina · Nette · Netti · Katinka · Tinka · Trina · Trine · Ina · Ine
Katina · Kathleen · Kate · Katty · Kitty · Kerrin · Caterina · Rina · Catalina
Jekatarina · Katalin · Katalyn · Katalina · Katka · Kata · Katarzyna

Bald war Katharina berühmt im ganzen Land, überall wurde sie um ihre Meinung gefragt. Sogar Könige und Fürsten kamen zu ihr, um sich in politischen Fragen beraten zu lassen. Und dann bat sogar der Papst sie zu sich, um sie nach Lösungen für Probleme zu fragen, bei denen er selbst nicht mehr weiterwusste. Und das alles, obwohl Katharina nicht einmal lesen und schreiben konnte. Sie arbeitete Tag und Nacht, schlief kaum und aß so gut wie nichts, weil sie keine Zeit dafür hatte. Manchmal sagt man von solchen Menschen, dass ihre Lebenskerze an beiden Enden brennt. Genau so war es bei Katharina.

Dann kam der Tag, an dem die völlig erschöpfte Katharina sich niederlegen musste, weil sie keine Kraft mehr hatte. Sie starb am 29. April 1380 im Alter von erst 33 Jahren.

Zu den Menschen an ihrem Sterbebett sagte sie noch: „Die einzige Ursache für meinen Tod ist die Glut für die Kirche, die mich verzehrt." Das ganze Land trauerte, als sie beerdigt wurde. An ihrem Grab weinte auch ihre 80 Jahre alte, weißhaarige Mutter.

Die Geschichte der Katharina von Siena soll hier enden mit einem wunderbaren Wort, das ein Gelehrter später über sie sagte: „Diese Frau und ihr Leben sind eines der größten Wunder der Geschichte. Auch für den, der an Wunder nicht glaubt."

PHILIPPUS UND JAKOBUS

SCHON beim ersten Zusammentreffen war Philippus begeistert von Jesus, den die Menschen Messias, Retter der Welt, nannten. Auf der Stelle entschied er sich, dass er von nun an bei ihm bleiben wollte, und er war stolz, als Jesus ihn zu einem der Zwölf Apostel ernannte. Das Erstaunen von Philippus wuchs, als er mitbekam, welche Menschenmengen zu Jesus herbeiströmten, und er spürte, dass er etwas ganz Besonderes miterleben durfte. Eines Tages fragte Jesus Philippus, woher man etwas zu essen bekommen könne für die 5000 Menschen, die sich wieder einmal um ihn herum versammelt hatten und ihm zuhörten. Philippus antwortete ihm: „Jesus, Brot für 200 Denare reicht da nicht aus, wenn jeder von ihnen auch nur ein kleines Stück bekommen soll." 200 Denare waren damals sehr viel Geld, und Philippus wollte

sagen, dass selbst so viel Geld niemals ausreichen würde, um die Menge satt zu bekommen. Jesus blieb ruhig, nahm fünf Brote und zwei Fische, die vom Tag zuvor noch da waren, und teilte alles so lang, bis alle 5000 Menschen satt waren. Philippus verstand das alles nicht, aber er entschied sich, nicht zu fragen, sondern Jesus einfach zu vertrauen. Auch bei der letzten Zusammenkunft mit Jesus vor dessen Tod ging es noch einmal um das Vertrauen. Jesus hatte vor den Aposteln wieder einmal, wie schon so oft zuvor, vom „Vater" gesprochen. Dieses Mal nahm sich Philippus ein Herz und fragte: „Herr, zeige uns den Vater." Jesus antwortete: „Wer mich gesehen hat, hat auch den Vater gesehen. Ich bin im Vater und der Vater ist in mir." Philippus schwieg und vertraute ihm.

Zusammen mit Philippus hat am 3. Mai auch Jakobus der Jüngere Namenstag. Er war der Sohn von Marias Schwester und wurde wie Philippus von Jesus persönlich in den Kreis der Zwölf Apostel aufgenommen. Nach dem Tod Jesu wurde Jakobus Bischof von Jerusalem. Er war gütig und großherzig, und die Menschen nannten ihn ehrfurchtsvoll „den Gerechten". Es gab aber auch einige Feinde, die auf Jakobus und seine Beliebtheit neidisch waren. Sie lauerten ihm eines Tages auf und nahmen ihn gefangen. Jakobus klagte nicht darüber, sondern ertrug sein Schicksal mit festem Vertrauen auf Gott. Das machte seine Gegner noch zorniger. In blinder Wut schlugen sie ihm schließlich mit einer Eisenstange so lange auf den Kopf, bis er tot zu Boden fiel. Da war die Trauer bei all den vielen Menschen, die Jakobus gern hatten, groß.

 Zu wem hast du großes Vertrauen und warum ist das so?

Philipp · Philip · Philippe · Filippo · Felipe · Filip · Philo · Phil · Lipp · Lippel · Lippo · Pippo · Filko · Fülöp

Jakob · Jacob · Jackel · Jäckel · Jacki · Jabbo · Jobbi · Jocki · Joggi · Joppes · Jäg · Jacques · Jack · James
Jim · Giacomo · Giacobbe · Jago · Jacopo · Iacopo · Jaime · Diego · Jacub · Jakow · Jascha

ALEXANDER

3 MAI

ALEXANDER, den wir am 3. Mai feiern, war ein Papst. Wir wissen zwar, wann er lebte – um das Jahr 100 – und dass er der fünfte Papst nach Petrus war. Alles andere, was die Erzählungen über Alexander I. berichten, ist wahrscheinlich eine Legende, die aber wohl einen wahren Kern hat.

Alexander I. war zu einer Zeit Papst, als es die Christen schwer hatten, weil sie von anderen Menschen oft verfolgt und sogar getötet wurden. Der christliche Glaube sollte sich nicht ausbreiten. Eines Tages ließ der Kaiser – er hieß Hadrian – auch Alexander festnehmen und im Gefängnis in Ketten legen. Zusammen mit ihm warf man auch den Stadtpräfekten Hermes in den Kerker, weil sich dieser von Alexander hatte taufen lassen. Beide Männer saßen in zwei getrennten Zellen und konnten sich nicht sehen und nicht miteinander sprechen. Eines Nachts sah der Gefängnisaufseher Quirinus, wie Alexander plötzlich ohne Fesseln in der Zelle von Hermes erschien und diesem Mut zusprach. An seiner Seite schwebte ein Engel. Der Aufseher rannte zur Zelle von Alexander, um zu sehen, auf welchem Weg diesem die Flucht gelungen war. Als er dort ankam, lag der Papst aber in seiner Zelle und schlief. Quirinus erschrak sehr darüber.

Auf Alexanders Frage am nächsten Tag, ob er ihn jetzt taufen dürfe, stimmte Quirinus zu, aber unter der Bedingung, dass der Papst vorher noch seine Tochter Balbina von einer schweren Halskrankheit heile. Alexander forderte ihn auf, ihm die Ketten zu bringen, mit denen der Apostel Petrus einst gefesselt war. Petrus nämlich war lange vor dieser Zeit ebenfalls im Kerker von Rom gefangen gewesen und wie durch ein Wunder von seinen Ketten befreit worden. Als Balbina diese Ketten küsste, wurde sie mit einem Mal gesund und ließ sich sofort zusammen mit ihrem Vater Quirinus taufen. Der Kaiser war darüber so wütend, dass er die

Enthauptung von Alexander, Quirinus, Balbina und Hermes befahl. Doch ihr Tod führte nur dazu, dass von nun an noch mehr Menschen an Christus glaubten und sich taufen ließen.

 Hast du schon einmal etwas erlebt, was du im ersten Moment gar nicht glauben konntest?

Alex · Alexius · Alexis · Xandel · Xander · Xandi Zander · Sander · Sandy · Alec · Alik · Lexel Alexandre · Alessandro · Sandro · Alessio Alejandro · Alejo · Aleko · Sándor · Sascha Sanja · Alja · Aljoscha · Aleksandar · Aleksandr Aleksej · Schura · Chura · Leszek · Lesek · Iskander

FLORIAN

WIE SEHR der heilige Florian verehrt wird, zeigt uns dieser Spruch: „Es brennt, o heiliger Florian, heut' aller Orts und Enden. Du aber bist der rechte Mann, solch' Unglück abzuwenden." Natürlich ist hier mit dem Brennen nicht ein richtiges Feuer gemeint, sondern es geht um Kriege unter den Menschen, um Hungersnöte oder um Naturkatastrophen. Aber auch bei richtigen Bränden gilt Florian als rettender Helfer in der Not, deshalb ist er auch der Schutzheilige der Feuerwehrleute.

Florian kam im 3. Jahrhundert zur Welt. Die Eltern waren Christen. Sein Heimatort lag in der Nähe von Wien, wo zu jener Zeit die Römer herrschten. Eines Tages geschah es einmal, dass der kleine Florian an einem brennenden Haus vorbei kam.

Als er sah, wie die Erwachsenen mit großen Wasserkübeln versuchten, das Feuer zu löschen, nahm er sich einen Krug und goss ebenfalls Wasser in die Flammen. Plötzlich erlosch das Feuer. Da sagten alle, dass Florian ein Wunder vollbracht habe.

Als Florian erwachsen war, trat er in den Dienst der römischen Verwaltung ein. Doch die glückliche Zeit sollte bald eine Ende haben, denn es brach eine schlimme Christenverfolgung aus. Alle gläubigen Menschen waren in großer Gefahr. Florian hätte den Verfolgern entkommen können, denn es wusste niemand, dass er Christ war. Doch als er sah, wie nach und nach viele seiner besten Freunde festgenommen wurden, ging er furchtlos zum Statthalter Aquilinus und rief laut: „Auch ich bin ein Christ!" Aquilinus mochte Florian gern und wollte ihm zur Freiheit verhelfen. Florian aber lehnte dies ab, denn er war jetzt bereit, für Jesus Christus zu sterben. Da band man ihm einen schweren Stein um den Hals und warf ihn in einen großen Fluss, wo er ertrank. Als sein Körper wieder ans Ufer gespült wurde, bewachte ein Adler ihn so lang, bis eine fromme Frau kam, um den Leichnam zu bergen. Sie lud Florian auf einen Ochsenkarren und ließ die Tiere dann frei laufen. An der Stelle, wo die Ochsen anhielten, grub sie das Grab. Von hier breitete sich die Verehrung für Florian in die ganze Welt aus.

 Wann fällt es dir schwer, etwas ehrlich zuzugeben?

Florinus · Florianus · Florin
Floris · Flori · Flo · Fluri · Flurin
Flurus · Floriano

SOPHIA

SICHER hast du schon einmal von der „kalten Sophie" gehört. Aber was verbirgt sich hinter diesem seltsamen Namen? Ganz einfach: Die Tage vom 12. bis zum 15. Mai sind die Gedenktage der vier Heiligen Pankratius, Servatius, Bonifatius und Sophia. Man nennt sie auch die „Eisheiligen", weil es in diesen Frühlingstagen nachts oft noch einmal frostig kalt wird. Das müssen vor allem die Bauern genau beobachten, denn sie haben zu dieser Zeit ja gerade ihre Felder frisch angepflanzt. Sie nannten Sophia im Lauf der Jahrhunderte auch die „kalte Sophie". Doch die Landwirte waren schlau. Sie drehten den Spieß einfach um und machten die Sophia zu ihrer Patronin und zwar gegen Frostschäden bei den Feldfrüchten und für ein gutes Wachstum auf allen ihren Äckern und Wiesen.

Die wahre Lebensgeschichte der Sophia von Rom kennt man nicht genau, wahrscheinlich wurde sie nachträglich mit Legenden ausgeschmückt. Sophia soll um das Jahr 300 mit ihrem Ehemann und ihren drei Töchtern Fides, Spes und Caritas – das bedeutet Glaube, Hoffnung und Liebe – in der Stadt Mailand in Norditalien gelebt haben. Die ganze Familie war getauft. Als Sophias Mann starb, entschied sie sich, zusammen mit den Mädchen nach Rom zu ziehen, damit sie näher bei den Stätten der Chris-

tenheit wie etwa den Gräbern der Apostel Petrus und Paulus sein konnte.

Aber schon bald darauf brach unter dem heidnischen Kaiser Diokletian die letzte der furchtbaren Christenverfolgungen aus. Auch Sophia und ihre drei Töchter wurden gefangengenommen und nach vielen Schmerzen, die man ihnen im Gefängnis zufügte, getötet. Bis zuletzt konnte niemand sie von ihrem Glauben an Jesus Christus abbringen. Die Tapferkeit von Sophia war so groß, dass man in ganz Rom darüber sprach, und alle nannten die Märtyrerin von da an ehrfurchtsvoll „Sophia von Rom".

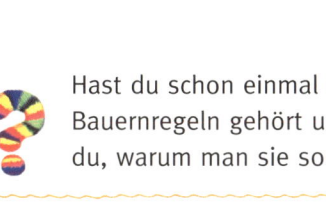
Hast du schon einmal von Bauernregeln gehört und weißt du, warum man sie so nennt?

Sophie · Sofia · Sofie · Soffi · Sopherl
Sofferl · Süff · Züff · Zoffi · Fia · Fey
Fieke · Sophy · Sownja · Sonja · Zofia

JOHANNES NEPOMUK

JOHANNES Nepomuk kann man auf Bildern oder unter den Heiligenfiguren in den Kirchen gut erkennen: Er ist der Heilige mit den fünf silbernen Sternen im Heiligenschein. Sie sind das Sinnbild für die fünf Buchstaben des lateinischen Wortes „tacui". Das bedeutet: „Ich habe geschwiegen." Nichts und niemand auf der Welt hatte Johannes Nepomuk nämlich dazu bringen können, das Beichtgeheimnis zu brechen. Selbst, als man ihm Gewalt androhte, schwieg er und musste deshalb sterben.

Johannes, der mit Nachnamen eigentlich Welflin oder Wolflin hieß, stammte aus dem böhmischen Ort Pomuk im heutigen Land Tschechien, daher hat er seinen Namen Nepomuk: „ne Pomuk" heißt „aus Pomuk". Geboren wurde er um das Jahr 1350. Nach dem Theologiestudium und einem zweiten Studium, für das er einige Jahre nach Italien ging, wurde er Priester in Prag. Schon bald übertrug man ihm hohe Kirchenämter, als Stellvertreter des Bischofs arbeitete er eng mit dem Erzbischof zusammen. Wegen seiner Güte war Johannes in Prag auch ein viel gefragter Beichtvater.

Zu jener Zeit regierte in Böhmen König Wenzel IV. Er war kein guter Mensch, setzte sich über alle Gesetze hinweg und lebte ohne Rücksicht auf andere immer so, wie es ihm gerade passte. Wenn aber einer seiner Bürger einmal einen kleinen Fehler machte, ließ er ihn hart bestrafen. Auch die Königin litt sehr unter ihrem Mann. In ihrer Not vertraute sie sich Johannes Nepomuk an, der ihr Beichtvater war. Irgendwann merkte Wenzel, dass sich die Königin öfters mit Johannes unterhielt. Er ließ ihn zu sich rufen und forderte ihn auf, ihm zu sagen, was die Königin ihm alles erzählt habe. Wenzel ahnte natürlich, dass seine Frau auch über sein schlechtes Verhalten gesprochen hatte. Johannes erwiderte dem König, dass er wegen des Beichtgeheimnisses nicht darüber sprechen könne. Wenzel kochte innerlich vor Zorn, ließ sich nach außen hin aber erst einmal nichts anmerken.

Einige Zeit später lud der König Johannes ganz offiziell in den Palast ein und tat so, als wolle er ihn damit ehren. Während des festlichen Mahls forderte er ihn erneut auf, ihm die Geheimnisse der Königin zu erzählen. Johannes war sich

darüber im Klaren, dass er Wenzel nicht ein zweites Mal widersprechen konnte, ohne dafür bestraft zu werden. Aber er war Priester und außerdem ein Ehrenmann, und mutig verweigerte er deshalb erneut die Auskunft. Der König raste vor Wut und ordnete noch am selben Tag an, ihn zu töten. Die Soldaten des Herrschers fesselten Johannes an Händen und Füßen und zerrten ihn so durch die Straßen von Prag. Als sie an der Karlsbrücke ankamen, die den Fluss Moldau überspannt, banden die Männer ihm einen schweren Steinbrocken um den Hals und stießen ihn hinunter ins Wasser. Johannes ertrank sofort. Der Todestag war der 20. März 1393.

Es heißt, dass der Leichnam von Johannes später wieder aus dem Wasser auftauchte und dabei von einem hell schimmernden Glanz umgeben war. Die vielen Menschen, die an den Ufern der Moldau standen und um Johannes Nepomuk weinten, waren fasziniert von dieser Erscheinung. Die Verehrung für Johannes wuchs und wuchs und verbreitete sich in die Welt hinaus. Bald schon standen in vielen Ländern der Erde Johannes-Nepomuk-Figuren auf den Brücken über den Flüssen, und bis heute ist das so geblieben.

Wie fändest du es, wenn dein bester Freund dein Geheimnis weitererzählen würde?

Johann · Johan · Johanno · Jehannes · Ioannes
Hans · Hanns · Hannes · Han · Hennes · Hanno
Hanke · Hanko · Henke · Hasse · Henning
Hannemann · Jens · Jan · Jahn · Jann · Jo
Jannes · Janis · Jannis · Jons · Schan · Schani
John · Johnny · Jack · Ian · Evan · Iven · Iwan
Ivan · Sean · Jean · Juan · Joanes · Giovanni
Gianni · Gian · Nino · Jenik · Huschka · Hanus
János · Janosch · Janus · Jukka · Jussi · Juhani

FELIX

IST ES nicht schön, dass Eltern, die ihren kleinen Sohn auf den Namen Felix taufen, sich im wahrsten Sinne des Wortes das Glück in die Familie holen? Felix heißt nämlich „der Glückliche". In der Geschichte der Kirche gibt es mehrere Träger des Namens Felix, hier erzählen wir von dem, der die Kinder so sehr liebte, von Felix von Cantalice.

Felix wurde im Jahr 1515 in dem Dorf Cantalice in Umbrien in Italien geboren. Die Eltern waren arme Bergbauern, die sich keine Mägde und Knechte leisten konnten, und so musste Felix schon früh mithelfen, die Kühe zu hüten. Weil Felix Jesus sehr lieb hatte, schnitzte er sich eines Tages ein Kruzifix in den Stamm eines großen Baumes neben der Viehweide. Davor kniete und betete er dann, wann immer er während seiner Arbeit Zeit dazu hatte. Als Felix 30 Jahre alt war, nahm er Abschied von seinen Eltern und Geschwistern. Er wurde Kapuzinermönch in Rom. Über 40 Jahre diente er seinem Orden treu und machte immer dieselbe Arbeit: Er sammelte Essen und Geld für sein Kloster ein, denn die Mönche waren arm und hatten keinen eigenen Besitz. Jedes Mal, wenn er eine Gabe erhielt, sagte Felix „Deo gratias", das heißt Gott sei Dank. Und schon bald nannte man den kleinen, gebückten Mann in der braunen Kutte nur noch Bruder Deogratias.

Ja, und dann waren da die Kinder. Sie liebten „ihren Felix" über alles, und Felix liebte sie. Er sammelte sie um sich und sang mit ihnen fröhliche Lieder über Gott und Jesus. Und die Kinder trugen diese Lieder dann weiter und weiter und bald sang die ganze Stadt, was Bruder Deogratias vorgesungen hatte. Und wenn die Kleinen ihm in den Straßen entgegenrannten und riefen: „Deo gratias, Bruder Felix, Deo gratias", dann liefen Felix oft Tränen der Freude über die Backen. Die Legende erzählt, dass einmal in einer Kirche Maria plötzlich das Jesuskind in die Arme von Felix legte, der dort gerade betete. Deshalb wohl erwählte man ihn später zum Patron der Mütter. Felix von Cantalice starb am 18. Mai 1587.

? Sind dir auch schon Menschen begegnet, die für andere Geld oder Sachen gesammelt haben?

Felicius · Felicianus · Felizius · Felizian · Felizianus · Felicissimus · Lix · Lixel · Lipp · Felice · Félicien · Félix · Feliks · Bodog

RITA

DEN NAMEN der heiligen Rita verbinden wir mit dem Bild einer Rose. Am Rita-Tag, am 22. Mai, werden überall in Italien Rita-Rosen gesegnet. Warum ist das so?

Schon als Kind erzählte die kleine Rita allen Menschen, dass sie bald ins Kloster gehen werde. Als sie zu einem jungen, hübschen Mädchen heranwuchs, verstanden ihre Eltern, dass es ihr wirklich Ernst war. Mutter und Vater hatten aber Angst, ihre Tochter dann vielleicht nie mehr wiederzusehen, und so suchten sie schnell einen Ehemann für Rita aus. Rita war zuerst sehr unglücklich, entschied sich dann aber doch, von nun an eine gute Ehefrau zu sein. Doch immer öfter war Ritas Mann grob zu ihr, manchmal schlug er sie sogar. Ihr großes Glück in diesen schweren Stunden waren ihre beiden Söhne, die sie über alles liebte.

Eines Tages geschah es, dass ein Fremder Ritas Mann im Streit tötete. Die beiden Söhne schworen noch am selben Tag Rache, sie wollten den Mörder ebenfalls töten. Rita war darüber so erschrocken, dass sie Gott bat, ihre Söhne lieber sterben zu lassen als dass sie einen Mord begingen. Und so kam es tatsächlich: Kurz hintereinander starben beide jungen Männer an einer unheilbaren Krankheit. Doch das hatte Rita wirklich nicht gewollt. Viele Monate weinte sie. Als sie endlich wieder Lebensmut fasste, beschloss sie, sich jetzt ihren größten Wunsch zu erfüllen. In dem Dorf Cascia trat sie ins Kloster ein und lebte in den nächsten 40 Jahren als Augustiner-Eremitin.

Und was ist nun mit der Rose? Als Rita eines Tages auf dem Sterbebett lag und ein Verwandter sie fragte, womit er ihr eine Freude machen könne, da sagte sie leise: „Ich wünsche mir eine Rose aus dem Garten." Nun war es aber tiefer Winter. Trotzdem ging der Mann hinaus in den Garten, und tatsächlich: An einem dürren, blattlosen Rosenstrauch erblickte er eine wunderschöne frische Rose. Er pflückte die Blume, brachte sie Rita und legte sie ihr in die Hände. Da weinte Rita vor Glück und schlief friedlich für immer ein. Ihr Todesjahr war 1447.

 Hast du dir einmal etwas gewünscht, das du dann wieder bereut hast?

Margareta · Margarete · Margherita

JULIA

FAST JEDES Mädchen hat eine Freundin, die Julia heißt. Aber wissen wir eigentlich, auf was für eine Julia der Name zurückgeht? Die bekannteste aller Julias war sicher die heilige Julia von Korsika. Sie hat auf Bildern immer eine Palme bei sich, was das Zeichen dafür ist, dass sie für ihren Glauben sterben musste. Bis heute ist Julia von Korsika eine der meistverehrten Heiligen in Italien.

Über die Herkunft von Julia und über die Zeit, wann sie genau lebte, weiß man nicht sehr viel. Die Legende erzählt, dass sie als junge Frau in Karthago in Nordafrika zu Hause war. Sie glaubte an Jesus Christus und besuchte regelmäßig den Gottesdienst. Als die schöne Stadt am Meer eines Tages von feindlichen Soldaten erobert wurde, nahmen die fremden Männer viele Mädchen und Frauen als Sklavinnen mit auf ihre Schiffe und verschleppten sie in andere Länder. So geschah es auch mit Julia. Ein Mann namens Eusebius zwang sie mit Gewalt auf sein Schiff und segelte mit ihr fort aufs Meer hinaus. Julia betete jeden Tag und bat Jesus darum, ihr Kraft zu geben. Sie suchte sich dafür immer irgendwo auf dem Schiff einen versteckten Platz, wo niemand sie sehen oder finden konnte.

Als das Schiff während seiner langen Reise auf der Insel Korsika im Mittelmeer anlegte, damit neuer Proviant besorgt werden konnte, wurde Julia von einheimischen Menschen gefangen genommen und auf die Insel geschleppt. Ein paar Tage später tötete man sie, indem man sie an einem Holzkreuz festband und verhungern und verdursten ließ. Frommen Mönchen gelang es, den Leichnam von Julia zu bergen und in Sicherheit zu bringen. Er befindet sich heute in der nach Julia benannten Kirche Santa Giulia in der Stadt Brescia in Norditalien.

 Was kannst du von deiner besten Freundin oder deinem besten Freund erzählen?

Julie · Juliana · Juliane · Iliane · Jule Jula · Julchen · Jula · Liane · Lia · Lilli Giulia · Giuliana · Giulietta · Julita Juliet · Gillian · Gill · Jill · Juliette Julienne · Julika · Julischka · Juliska Uljana

PHILIPP NERI

DIE MENSCHEN in Rom liebten und bewunderten Philipp Neri so sehr, dass sie ihn schon „den Heiligen" nannten, als er noch lebte. Man sagt bis heute, dass Philipp Neri einer der nettesten Heiligen war. Das kommt daher, weil er über den Glauben fröhlich und lachend sprach und alle dadurch sofort verstanden, dass es etwas Schönes sein muss, an Jesus Christus zu glauben.

Philipp Neri wurde 1551 Priester, da war er 36 Jahre alt . Zuvor hatte er viel studiert und gelernt und dicke Bücher gewälzt, damit er auch wirklich alles wusste, was man ihn als Pfarrer fragen könnte. Aber von jetzt an waren nicht mehr Bücher, sondern nur noch die Menschen für ihn wichtig, ihnen wollte er ein guter Seelsorger sein. Und was für ein Seelsorger er wurde! Schon nach kurzer Zeit kamen die Gläubigen in Scharen zur Beichte zu ihm, weil er ihnen so gut zuhörte. Seine Gottesdienste waren so voll, dass die Menschen die Straße entlang standen. Und die Kinder liebten ihren „Pippo buono", den guten Philipp, weil er sich für sie jeden Tag fröhliche Spiele ausdachte. Bald war der Andrang so groß, dass Philipp Neri für seine Gottesdienste große Säle anmieten musste. So etwas hatte man bis dahin noch nie erlebt. Zauberer, Sänger und Musikanten traten auf, man spielte und sang zusammen, und Pippo war immer mittendrin

und erzählte von Gott und von Jesus und gewann alle Herzen im Sturm. Damit wollte er zeigen, wie Kirche sein soll, und die Menschen dankten es ihm.

Philipp Neri wusste aber auch, dass er etwas vorbereiten musste, damit seine Arbeit nach seinem Tod erfolgreich fortgeführt werden konnte. Deshalb gründete er einen Orden, dessen Mitglieder sich Oratorianer nannten, ihr Versammlungsort war das Oratorium. „Unsere einzige Regel ist die Liebe", sagte Philipp von seiner Gemeinschaft. Er selbst lebte diese Liebe sein Leben lang wunderbar vor. Philipp Neri starb 1595, genau 26 Tage vor seinem 80. Geburtstag.

 Wie stellst du dir einen Gottesdienst vor, an dem du Spaß hast?

Philipp · Philip · Philippe · Filippo · Felipe · Filip · Philo · Phil · Fips · Flips · Lipp · Lipperl · Lippel · Lipps Lippo · Pippo · Filko · Fülöp

JOHANNA VON ORLÉANS

DIE GESCHICHTE der heiligen Johanna von Orléans bewegt die Herzen der Menschen seit Jahrhunderten. Das Leben dieses Mädchens war so außergewöhnlich, dass Dichter und Schriftsteller es sogar in großen Romanen verewigten. 500 Jahre nach ihrem Tod wurde die geheimnisvolle Jeanne d'Arc, wie Johanna von Orleáns auch genannt wird, heilig gesprochen.

Johanna kam am Dreikönigstag 1412 in dem Dorf Domrémy in Frankreich zur Welt. Weil ihre Eltern arme Bauern waren und kein Schulgeld bezahlen konnten, durfte sie keine Schule besuchen und lernte nie Lesen und Schreiben. Zu jener Zeit fand im Land ein furchtbarer Krieg zwischen den Nachbarnationen England und Frankreich statt, englische Soldaten hatten schon große Teile von Frankreich erobert. Ja, sogar die französische Hauptstadt Paris war englisch geworden, und andere große Städte standen kurz davor, so auch Orléans. Und jetzt beginnt die aufregende Geschichte unserer Johanna. Als sie 12 Jahre alt war, hörte sie eines Tages, während sie gerade betete, eine Stimme, die sagte: „Hilf deinem König und rette Frankreich!" Die Stimme kam von nun an immer wieder, und jedes Mal sagte sie dasselbe: „Hilf deinem König!" Johanna traute sich nicht, jemandem davon zu erzählen.

Vier Jahre ging das nun so, und Johanna war verzweifelt. Da kam der Tag, an dem englische Soldaten Orléans eroberten. Und Johanna hörte jetzt ihre Stimme sagen: „Eile, Johanna, eile! Befreie die Stadt Orléans!" Jetzt endlich vertraute sie sich ihrem Onkel an. Sie zitterte am ganzen Körper, denn sie war sich sicher, dass er sie für verrückt halten würde. Der Onkel aber glaubte ihr und fuhr mit ihr sofort in der Kutsche zum obersten Kriegschef. Als Johanna diesem sagte, dass sie dringend zum König müsse, lachte er nur und meinte zu dem Onkel: „Bringen Sie Ihre Nichte durch ein paar Ohrfeigen wieder zur Vernunft."

Johanna aber erzählte allen Menschen von dem Auftrag, den ihr die innere Stimme erteilt hatte. Viele verzweifelte Bürger rannten daraufhin zum Armeechef und flehten ihn an, Johanna zu König Karl VII. zu bringen. Aus Angst vor dem Zorn der Menschen tat er es schließlich. Johanna marschierte mutig auf den König zu und rief: „Ich bin gekommen, um Orléans zu retten und Euch zur Krone zu verhelfen." Dann erzählte sie ihm Dinge, die eigentlich nur er ganz allein wissen konnte. Der König erkannte sofort, dass dieses junge Mädchen sein Schicksal und das von ganz Frankreich wenden könnte – und übergab Johanna die Führung seines Soldatenheeres.

Die französischen Soldaten, die schon alle Hoffnungen aufgegeben hatten, die Stadt Orléans wieder befreien zu können, trauten ihren Augen nicht, als die 17-jährige Johanna hoch zu Pferd in

 Hattest du auch schon einmal ein Erlebnis, das du niemandem anvertraut hast, weil du dachtest, keiner versteht dich?

Johanne · Johannina · Johannette · Johannetta · Jehanna · Jehanne · Hanne · Hanna · Hannah · Hanni Hanka · Hanja · Hannerl · Nana · Nina · Janina · Janine · Janna · Jana · Janne · Jona · Jonna · Jenny Jo · Jopie · Gianna · Giovanna · Jeanne · Jeannette · Jane · Jessy · Jessie · Janet · Sheena · Joan Joanna · Joana · Jensine · Juana · Juanita · Ivanna · Ivana · Jovanka · Janka · Janula · Anusia

voller Rüstung bei ihnen einritt. Innerhalb weniger Tage gab Johanna den Männern durch ihr Gebet und ihre große Begeisterung so viel Mut und Kraft, dass sie den Kampf gegen die Engländer wieder aufnahmen. Sie gewannen eine Schlacht nach der anderen und bald war die Stadt Orléans wieder frei. Das ganze Land jubelte Johanna zu, und von nun an nannte man sie Johanna von Orléans. Als König Karl VII. in der Kathedrale seinen Thron bestieg, stand Johanna neben ihm, hielt das Siegesbanner und rief: „Jetzt ist Gottes Wille vollbracht."

Nun wollte Johanna auch Paris befreien. Aber böse Berater des Königs, die neidisch auf die Erfolge von Johanna waren, stellten ihr heimlich Fallen, und der schwächliche König ließ seine tapfere Soldatin auch noch im Stich. Johanna wurde von den Verrätern gefangen genommen und gegen Geld an die feindlichen Engländer ausgeliefert. Nach vielen Qualen und Schmerzen im Gefängnis musste Johanna von Orléans am 31. Mai 1431 sterben. Mitten auf dem Marktplatz der Stadt Rouen wurde sie verbrannt. Sie war 19 Jahre alt.

BONIFATIUS

„APOSTEL der Deutschen" wird Bonifatius genannt. Das kommt daher, weil er das Christentum nach Deutschland gebracht hat. Das ist jetzt schon über 1250 Jahre her, aber die Verehrung für Bischof Bonifatius ist groß geblieben. Vor allem in der Stadt Fulda ist der Heilige den Menschen nah, denn dort im Dom befindet sich sein Grab. Schon bald nach dem Tod von Bonifatius strömten die Menschen in großen Wallfahrten hierher, und das ist bis heute so geblieben. Auch die deutschen Bischöfe verehren ihren berühmten Vorgänger: Sie treffen sich jedes Jahr am Grab von Bonifatius zu einer wichtigen Versammlung.

Bonifatius stammte aus England, wo er um 672 in der Grafschaft Devonshire geboren wurde. Sein Geburtsname war Winfrith, also Winfrid. Als er erwachsen war, wurde er Benediktinermönch und Priester. Sein großer Lebenswunsch war es, eines Tages Missionar zu werden. Aber erst mit 43 Jahren konnte Winfrith diesen Traum verwirklichen. Er zog über das Meer hinüber nach Deutschland, um dort den Glauben zu verbreiten. Kaum war er angekommen, wurde er von wütenden Einheimischen mit Gewalt wieder vertrieben. Winfrith war zunächst entmutigt, nahm sich aber vor, es noch einmal zu versuchen. Er reiste nach Rom und holte sich beim Papst einen offiziellen Auftrag für die Missionsarbeit in Deutschland. Der Papst gab ihm den Namen Bonifatius, das bedeutet „der, der Gutes tut".

Und nun hatte Bonifatius auch Erfolg. Die Menschen respektierten ihn und hörten ihm zu. Überall, wo er auf seinen Reisen hinkam, errichtete er Bistümer, Klöster und Kirchen und verhalf dem christlichen Glauben zu großem Aufschwung. Als Belohnung ernannte ihn der Papst zum Bischof von Mainz. Ein Ereignis aus dem Leben von Bonifatius ist unvergessen. Er besuchte einmal eine Ortschaft, in der die Einwohner, die noch nicht an Jesus glaubten, eine riesige Eiche wie Gott verehrten. Bonifatius überlegte, was er dagegen tun konnte. Dann wusste er die Lösung: Beherzt griff er sich eine Axt, stieß ein lautes Gebet aus - und hieb mit voller Wucht auf den Baumstamm. Wie durch ein Wunder zersprang die Eiche in vier genau gleich große Teile. Die Dorfbewohner waren geschockt – und sie begriffen natürlich, dass der Gott von Bonifatius viel stärker sein musste als ihre Eiche. Der Bann war gebrochen, alle Einwohner ließen sich nun von Bonifatius taufen. Danach halfen alle dabei, aus dem Holz der Eiche eine Kapelle zu bauen.

Als Bonifatius über 80 Jahre alt war, beschloss er, noch einmal an den Ort zu reisen, wo man ihn bei seinem ersten Missionierungsversuch so garstig vertrieben hatte. Aber auch dieses Mal stand kein guter Stern über ihm: Wieder überfielen die Einheimischen Bonifatius, er und alle seine Begleiter wurden getötet. Bonifatius aber hatte wohl schon vorhergesehen, dass er sterben musste: Als man nach seinem Tod seine Reisetasche öffnete, fand man darin ein Leichentuch, das er mit auf die Reise genommen hatte.

 Was machst du, wenn jemand dich nicht mag und dir das auch zeigt?

Bonifazius · Bonifaz · Bonifatios · Bonus · Bone · Facius · Boniface · Bonifacio · Bonifazio · Faas

ANTONIUS VON PADUA

JEDER mag diesen Antonius von Padua. Der liebenswürdige Heilige berührt seit Jahrhunderten die Herzen und bringt uns noch heute zum Lächeln. Warum ist das so? Zum einen sicher deswegen, weil das Bild, das wir alle von Antonius kennen, so viel Herzlichkeit ausstrahlt: Es zeigt einen Franziskanermönch, wie er liebevoll das Jesuskind im Arm hält. Zum anderen gibt es viele schöne Geschichten über den Heiligen, die uns schmunzeln lassen. Man stelle sich nur einmal dies vor: Antonius hatte sich in einem riesigen Nussbaum einen gemütlichen Sitzplatz eingerichtet und predigte von dort oben zu seinen Zuhörern, die sich unten um den Baum herum versammelt hatten. Ja, und dann ist Antonius ja auch der Patron der Schlamper. Aber der Reihe nach.

Antonius wurde um das Jahr 1195 in Portugal geboren, sein Taufname war Fernandez. Als junger Mann trat er dem Franziskanerorden bei, den Franz von Assisi gerade gegründet hatte. Nach dem Kloster S. Antonio nannte er sich von nun Antonius. Bald entschied er sich, von Portugal aus über das Meer hinüber nach Nordafrika zu reisen, um dort zu predigen. Kaum angekommen, wurde er sehr krank und musste zurück. Auf der Heimreise kam ein Orkan auf, und das Schiff wurde an den Strand der Insel Sizilien geschleudert. Da stand Antonius nun, ohne Hab und Gut, nur mit seiner braunen Franziskanerkutte bekleidet. Er traf eine Entscheidung: Jetzt, da er schon mal in Italien war, wollte er Franz von Assisi sehen. Er machte sich auf den Weg und lernte den Ordensgründer tatsächlich kennen. Franz bemerkte schnell, dass Antonius ein großes Talent fürs Predigen hatte und entsandte ihn nach Norditalien. Antonius war bald berühmt. Bis zu 30000 Menschen strömten herbei, wenn er predigte. Man sagte, dass Antonius mit seinen Worten den direkten Weg zu den Herzen fand.

Aber es gab auch Städte, die Antonius nicht mochten, weil er den Einwohnern sagte, dass sie ein besseres Leben führen müssten. So passierte es einmal in Rimini, dass er vor einer völlig leeren Kirche predigte. Traurig ging Antonius danach an den Strand und betete laut zu Gott. Plötzlich streckten alle Fische ihre Köpfe aus dem Meer. Mit ihren Flossen klatschten sie begeistert Beifall. Was Antonius nicht sah: Hinter seinem Rücken versammelten sich nach und nach alle Einwohner von Rimini. Als er sich umdrehte und gehen wollte, drängten sich die Menschen um ihn und baten ihn um Verzeihung für ihr hässliches Benehmen.

Die anstrengenden Reisen und das viele Predigen aber setzten Antonius zu, er wurde immer kränker. Erschöpft zog er sich eines Tages in ein Kloster in der Nähe von Padua zurück. Bald darauf starb er, erst 36 Jahre alt. Der Todestag war der 13. Juni 1231. An seinem Grab in Padua ereigneten sich gleich viele Wunder, deshalb wurde Antonius bereits elf Monate nach seinem Tod heilig gesprochen. Ja, und der Patron der Schlamper ist Antonius von Padua, weil er jener Schutzheilige ist, den viele Leute anrufen, wenn sie etwas verlegt oder verloren haben. Damit ist Antonius doch ein bisschen der Patron von jedem Einzelnen von uns, oder?

**Kennst du jemanden,
dem alle gerne zuhören?**

Anton · Antonios · Antoninus · Toni
Tone · Tonke · Tünnes · Tönnies
Tönjes · Dönjes · Antoon · Toon
Antoine · Toinon · Antonio · Antonino
Tonio · Tonino · Antonello · Anthony
Tony · Antonin · Antal · Antek

JOHANNES DER TÄUFER

WEISST du, dass die Johannisbeeren und die Johanniskäferchen ihren Namen von Johannes dem Täufer haben? Das kommt daher, weil die Früchte um den Johannistag herum reif werden und die Glühwürmchen in diesen warmen Sommernächten zu schwirren beginnen.

Elisabet und Zacharias, die Eltern von Johannes konnten lange keine Kinder bekommen, und so war Zacharias sehr überrascht, als ihm ein Engel ankündigte, dass Elisabet doch noch schwanger werde. Als Zacharias dies nicht glaubte, konnte er plötzlich nicht mehr sprechen. Der Engel versprach ihm, dass er bei der Geburt seines Kindes die Sprache zurückerhalten werde.

Tatsächlich wurde Elisabet schwanger. Nur ihre Kusine Maria erfuhr davon. Als diese nämlich ein halbes Jahr später zu Elisabet kam, um ihr zu berichten, dass sie ein Kind erwartete – nämlich Jesus –, da erzählte Elisabet ihr, dass sie auch schwanger war.

Als Elisabet dann einen Sohn zur Welt brachte, wollte sie ihm den Namen des Vaters geben. Der immer noch stumme Zacharias aber nahm eine Tafel und schrieb den Namen Johannes darauf, was auf Hebräisch „Gott ist gnädig" bedeutet. Elisabet war einverstanden, das Kind bekam den Namen Johannes, und plötzlich konnte Zacharias wieder sprechen. Einige Zeit später kam Jesus in Betlehem zur Welt.

Als Johannes erwachsen war, zog er sich in die Wüste zurück, um dort ein Leben allein als Büßer zu führen. Er wollte mit der Welt der anderen Menschen und mit ihren Sünden nichts zu tun haben. Aus dieser Zeit kennen wir die ersten Bilder von ihm: hager und ausgedörrt vom vielen Durst in der Wüste, bekleidet mit einem Umhang aus braunem Kamelhaar, den er sich angefertigt hatte, um den Bauch einen selber gemachten Ledergürtel, sieht man ihn, wie er Heuschrecken und wilden Honig isst.

Dann kam der Tag, der das Leben von Johannes vollkommen verändern sollte. Gott forderte ihn auf, alles für das Kommen von Jesus vorzubereiten. Der Evangelist Lukas sagt dazu: „Da erging in der Wüste das Wort Gottes an Johannes, den Sohn des Zacharias." Obwohl er darauf überhaupt nicht vorbereitet war, verstand Johannes, was seine Aufgabe war. Sofort machte er sich auf den Weg, verließ die Wüste und zog wieder in die Stadt. Mit bewegenden Reden forderte er die Menschen auf, sich zu verändern und gottesfürchtiger zu werden. Er rief: „Bekehrt euch! Denn das Himmelreich ist nahe." Und zum Zeichen ihres neuen Lebens taufte er sie im Fluss Jordan. Wie ein Lauffeuer ging die Kunde von diesem ungewöhnlichen Mann durchs ganze Land, und in Scharen strömten die Menschen herbei. Immer lauter wurden ihre Rufe, dass dieser Johannes der lang erwartete Messias sei, also der Erlöser der Welt, und überall brach Begeisterung aus. Johannes aber beruhigte die Menschenmengen: „Nein, nein! Ich bin es nicht. Ich bin gar nicht würdig, dem, der kommt, auch nur die Schuhriemen zu lösen."

Und dann plötzlich stand Jesus vor Johannes, als dieser am Fluss Jordan predigte und taufte. Leise und ernst ging er auf den Propheten zu und sagte: „Bitte taufe mich." Johannes fiel auf die Knie und antwortete: „Herr, ich müsste von dir getauft werden und du kommst zu mir?" Jesus aber bat ihn noch einmal. Da taufte Johannes den Sohn Gottes. Zum Volk sprach er: „Das ist das Lamm Gottes, das die Sünde der Welt hinweg nimmt." Von da an wurde Jesus immer bekannter im Land.

Das Leben von Johannes dem Täufer aber ging zu Ende. Voller Hass nämlich hatte König Herodes ihn beobachtet. Nicht nur, dass der Herrscher um seinen Thron fürchtete, weil der Prophet aus der Wüste so beliebt war. Nein, Johannes hatte Herodes auch vor dem ganzen Volk schuldig gesprochen, seinem Bruder die Frau, Herodias, weggenommen zu haben. Herodias und ihre Tochter Salome stachelten Herodes so lang auf, bis der König Johannes zuerst ins Gefängnis werfen und dann töten ließ.

 Warst du schon einmal bei einer Taufe dabei?

Johann · Jehannes · Hans · Hannes · Hanno Hanko · Henning · Hannemann · Jens · Jan · Jo Jannis · Janosch · János · John · Jack · Ian · Iven Sean · Jean · Juan · Giovanni · Gianni · Nino Jenik · Iwan

PETRUS UND

AM 29. JUNI ist „Peter und Paul". Aber warum eigentlich werden die Feste der beiden Apostel am selben Tag gefeiert? Hier ist die Erklärung: Im Jahr 258 kündigte der römische Kaiser Valerian an, in Rom alle Gräber von Christen zerstören zu lassen. Kaum war die Nachricht bekannt, bargen Gläubige die Gebeine von Petrus und Paulus und versteckten sie. Dies geschah in der Nacht des 29. Juni 258. Die Verehrung für die beiden Apostel wuchs zu einer riesigen Begeisterung, und das Datum 29. Juni blieb für immer bestehen. Aber es gibt noch eine Gemeinsamkeit, die Petrus und Paulus miteinander verbindet: Ohne ihre Arbeit wäre die Botschaft Gottes niemals so erfolgreich in die ganze Welt hinaus gedrungen. Wenn man den christlichen Glauben mit einem Haus vergleicht, dann hat Petrus das feste Fundament zementiert und Paulus hat darauf Wände und Dach errichtet und das Haus mit Leben erfüllt.

Als Jesus den einfachen, manchmal etwas vorlauten Fischer Simon traf, sprach er zu ihm: „Du bist Petrus, der Fels, und auf diesen Felsen will ich meine Kirche bauen." Der Name Petrus bedeutet also „der Fels". Später machte er Simon Petrus zum Wortführer der Zwölf Apostel und betraute ihn von da an mit wichtigen Aufgaben. Aber Petrus zeigte auch menschliche Schwächen. Das war, als Jesus von seinen Verfolgern gefangen genommen wurde und Petrus daraufhin aus Angst um sein eigenes Leben dreimal behauptete, er kenne Jesus überhaupt nicht. Jesus aber verzieh ihm dieses Verleugnen. Nach seinem Kreuzestod und der Auferstehung erschien der Sohn Gottes Petrus noch einmal. Er gab ihm den Lebensauftrag: „Petrus, weide du jetzt meine Lämmer, weide meine Schafe." Damit vertraute er Petrus die Aufgabe an, sich nun an seiner Stelle um die gerade entstehende Christengemeinde zu kümmern. Und Petrus versuchte alles zu tun, um das Werk von Jesus fortzuführen. Unermüdlich verkündete er den Menschen, was Jesus ihm selbst erzählt hatte.

Im Jahr 44 kam er nach Rom, wo inzwischen auch eine christliche Gemeinschaft entstanden war. Mehrere Jahre war Petrus ihr Vorsteher, deshalb gilt er als der erste Bischof von Rom und somit auch als der erste Papst. Dann aber begann der römische Kaiser Nero, die Christen zu verfolgen. Auch Petrus wurde gefangen genommen. Im Jahr 64 oder 67 starb er am Kreuz, mit dem Kopf nach unten. Über der Petrus-Grabstätte erhebt sich heute der prächtige Petersdom.

PAULUS

PAULUS kam an seinem Lebensende ebenfalls nach Rom und traf dort wohl auch Petrus. Beide kannten sich vorher kaum. Saulus, so sein ursprünglicher Name, hatte als junger Mann alle Menschen gehasst, die an Jesus glaubten. Er war auch dabei, als der Diakon Stephanus zu Tode gesteinigt wurde. Dann aber erschien ihm Jesus Christus, und er war zutiefst erschüttert. Saulus war mit einem Mal von einer tiefer Liebe zum Sohn Gottes erfüllt und spürte, dass er seine Aufgabe gefunden hatte. Was Paulus, wie er sich nun nannte, dann auf sich nahm, um das Wort Christi zu verbreiten, ist fast unglaublich. Man hat später einmal die Entfernungen seiner Missionsreisen zu Fuß und im Boot durch die Länder Kleinasiens, Zypern, Mazedonien und Griechenland zusammengerechnet und kam auf 17000 Kilometer. Paulus war ein mitreißender Prediger, er begeisterte die Menschen so sehr, dass überall, wo er wirkte, christliche Gemeinden entstanden. Briefe, die er an seine Gemeinden schrieb, existieren noch heute und gehören zu den großen Kostbarkeiten unserer Kirche. Manche entstanden im Gefängnis, wo Paulus von seinen Feinden gefangen gehalten wurde. Was er alles durchlitt für Jesus, sagen am besten die Worte aus einem seiner Briefe: „Mühseligkeiten hab ich erduldet, Gefängnisse, Misshandlungen über die Maßen, Todesgefahren häufig."

Auch Paulus wurde in Rom gefangen genommen

und dann durch das Schwert getötet. Sein Grab in der Kirche S. Paolo fuori le mura in Rom wird von Tausenden von Menschen besucht. Ohne Paulus gäbe es unsere heutige Kirche nicht.

 Warum war das Reisen früher wohl so anstrengend?

Peter · Peder · Petros · Piet · Pieter · Pit
Petz · Peer · Pier · Peko · Pierre · Pierrot · Pierrin
Pedro · Pérez · Pietro · Piero · Pete · Petr · Piotr
Pjotr · Piotre · Petö · Petar · Pes

Paul · Paulos · Paulinus · Pole · Pale · Paale
Pals · Pols · Pál · Pabel · Pawel · Pagel · Paolo
Paolino · Pablo · Paavo · Pauw · Poul

3
JULI

THOMAS

DER FISCHER Thomas war der Apostel, der Jesus besonders liebte. Er war bereit, alles mit ihm zu teilen. So passierte es einmal, dass mehrere Apostel Jesus davon abhalten wollten, einen bestimmten Ort aufzusuchen, weil sie wussten, dass die Feinde nur darauf warteten, ihn dort gefangen zu nehmen. Als Jesus ruhig antwortete: „Lasst uns wieder hingehen", sagte Thomas zu den Gefährten: „Dann lasst uns mit ihm gehen, um mit ihm zu sterben."

Thomas trägt aber auch den Beinamen „der Ungläubige". Er musste sich nämlich immer genau von allem überzeugen, bis er es auch glaubte. So war es auch am Abend des Osterfestes, also zwei Tage nach Jesu Tod, als einige Apostel ihm erzählten, dass sie den auferstandenen Jesus gesehen hatten. Thomas erwiderte, er sei erst dann von dieser Nachricht überzeugt, wenn er mit seinem Finger die Wunden des Gottessohnes berührt habe. Acht Tage später erschien Jesus plötzlich vor Thomas und sagte zu ihm: „Sei nicht ungläubig, sondern gläubig." Dann forderte er ihn auf, mit dem Finger seine Wundmale zu berühren. Thomas tat es und rief um Vergebung bittend: „Mein Herr und mein Gott." Jesus aber liebte ihn noch genau so wie zuvor.

Wie die anderen Apostel verkündete auch Thomas nach der Himmelfahrt Christi mit Leidenschaft das Evangelium und bekehrte Tausende Menschen. Er zog für seine Missionsarbeit nach Asien, weshalb man ihn oft auch den Patron von Asien nennt. Besonders gefeiert wird Thomas noch immer in Indien, die dortige Kirche nennt ihn ihren Gründer. Der Tag, an dem Thomas zum ersten Mal indischen Boden betrat, ist dort bis heute jedes Jahr ein besonderer Festtag.

Thomas erlitt um das Jahr 70 in Indien den Martertod. Feinde töteten ihn mit dem Schwert. Der „Große Thomasberg" mit der Thomas-Kirche bei der Stadt Madras ist die Stelle, wo er starb. In der Kirche S. Croce in Gerusalemme in Rom wird der Finger aufbewahrt, mit dem Thomas die Wunde Christi berührt haben soll.

 Kennst du das: dass man Beweise haben möchte, um etwas auch glauben zu können?

Thoma · Tom · Tamme · Tammes · Thommy · Tommy · Tomy · Thomé · Toma · Tomas · Tomes · Tomis Tamás · Tomaso · Tommaso · Maso · Masetto

ULRICH

VON ULRICH kennen wir zwei Bilder: Entweder ist er auf einem Pferd zu sehen oder mit einem Fisch. Beides erinnert an Ereignisse im Leben des großen Bischofs, über die hier jetzt berichtet wird.

Geboren wurde Ulrich um 890 als Grafensohn in Augsburg. Früh entschied er sich, Priester zu werden, und schon bald übertrug man ihm wichtige Kirchenämter. Er hielt immer fest zu König und Kaiser, so auch im Jahr 955, als sich das berühmteste Ereignis in Ulrichs Bischofszeit ereignete. Feindliche ungarische Soldaten wollten die Stadt Augsburg erobern. Das Verteidigungsheer des Kaisers aber kam nicht und kam nicht. Da übernahm kurz entschlossen Bischof Ulrich das Kommando. Er forderte die Bevölkerung auf, Ruhe zu bewahren und zu beten und ritt dann hoch zu Pferd mit einer Truppe von Männern dem Feind entgegen. In tapferem Kampf gelang es den Augsburgern, die Gegner so lang in Schach zu halten, bis der Kaiser mit seiner Armee angekommen war und dann auch siegte. Bis heute ist diese Schlacht auf dem Lechfeld unvergessen.

Und dann gibt es die Fisch-Legende. Ulrich hatte eines Tages Besuch von einem Freund. Es war ein Donnerstag Abend, die Männer saßen im Bischofshaus und redeten und redeten bis in den frühen Freitag Morgen hinein. Zum Abendessen hatte es gebratenes Fleisch gegeben, Reste davon lagen noch auf einem Teller. Plötzlich meldete sich ein Bote des Herzogs an und überbrachte Ulrich einen Brief. Als Wegzehrung gab Ulrich ihm ein Stück des Fleisches mit. Er hatte völlig vergessen, dass es schon Freitag war und an diesem Wochentag Fleisch essen für gläubige Christen nicht erlaubt war. Der Bote ritt sofort zum Herzog, um ihm zu berichteten, dass der Bischof ein Heuchler war, der am Freitag Fleisch isst. Als er dem Herzog das Bratenstück zeigen wollte, hatte sich dieses in einen Fisch verwandelt. Der Bote war blamiert, Ulrichs Ansehen gewahrt. Bischof Ulrich starb 973 in Augsburg, wo er in der Kirche St. Ulrich und Afra beigesetzt ist.

 Wie war das, als du erlebt hast, wie jemand einen anderen Menschen verpetzt hat?

Ullrich · Udalrich · Uli · Ulli · Ule · Uhl · Ullus · Udo · Utz · Uz · Ueli · Urs · Ulrico · Udelrico
Ulrik · Ulric · Ole · Olsen · Ohlsen

BENEDIKT

SCHUTZPATRON von Europa ist der heilige Benedikt seit 1964. Kein anderer Titel kann besser ausdrücken, was Benedikt für jeden von uns bedeutet. Denn dieser heilige Mönch aus Italien, der vor 1500 Jahren lebte, hat unsere europäische Kultur ganz stark geprägt. Manchmal wird er deshalb sogar Vater des Abendlandes genannt. Da ist es gar nicht verwunderlich, dass der Name Benedikt „der Gesegnete" bedeutet. Was könnte besser passen!

Benedikt stammte aus Umbrien in Italien, der Ort, in dem er um 480 geboren wurde, heißt Nursia. Noch heute kann man in seinem Elternhaus herumgehen, allerdings ist es jetzt eine Kirche. Benedikt hatte noch eine Zwillingsschwester mit Namen Scholastika. Die Eltern ermöglichten Benedikt eine hervorragende Schulausbildung, danach durfte er zum Studium nach Rom, denn er hatte vor, Rechtsanwalt zu werden. Doch was Benedikt in Rom alles sah, das gefiel ihm überhaupt nicht. Jeder machte das, was er wollte, niemand nahm Rücksicht auf den anderen, die alten Sit-

ten galten nichts mehr, und viele Menschen glaubten nicht mehr an Jesus Christus. Bald packte der Student Benedikt sein Bündel zusammen und flüchtete in die Berge, wo er in einer Höhle Unterschlupf fand. Er wollte von nun an nur noch für seinen Glauben leben, nahe bei Jesus, auch wenn ihm die Einsamkeit oft schwer zu schaffen machte und er sich arg nach menschlicher Wärme sehnte.

Nach einiger Zeit hörten die Mönche eines nahe gelegenen Klosters von diesem seltsamen Mann in der Höhle. Als sie ihn besuchten und nach einem Gespräch mit ihm erkannten, wie gebildet Benedikt war, wollten sie ihn als Vorsteher ihrer Klostergemeinschaft. Benedikt lehnte zuerst ab, denn er fand auch das lockere Leben dieser Mönche nicht vorbildlich. Schließlich nahm er den Ruf doch an. Als er aber in dem Kloster eine Gemeinschaftsregel einführen wollte, waren die Mönche wütend auf ihn und beschimpften ihn. Einer wollte ihn in seinem Zorn sogar mit vergiftetem Brot töten, um ihn schnell wieder los zu werden, doch der kluge Benedikt bemerkte es und ließ einen Raben das Brot im Schnabel forttragen. Dann verließ er das Kloster sofort und zog sich wieder in seine Höhle zurück. Eines aber war Benedikt durch diese Ereignisse klar geworden: Es musste dringend eine Mönchsregel geben, ein Buch mit Regeln, die für alle Ordensmänner gültig waren. Er hatte diese Regel ja schon lang im Kopf, er musste sie nur noch aufschreiben. Besonders wichtig war es Benedikt, den Mönchen einerseits klare Pflichten und Anweisungen zu geben, ihnen andererseits aber trotzdem die Freiheit zu lassen, eigene Ideen zu

entwickeln. Ganz zum Schluss schrieb er oben auf das Papier, was ihm das Wichtigste war: „Ora et labora." – „Bete und arbeite." Was Benedikt da noch nicht wusste: Mit diesem Buch für die Mönche wurde er zum Organisator des Klosterlebens auf der ganzen Welt. Und er legte den Grundstein für den nach ihm benannten Benediktinerorden.

Doch erstmal musste Benedikt selbst ausprobieren, wie sich denn seine Regel im Klosteralltag bewährte. Er sammelte junge Männer um sich, die bereit waren, sich dieser Benedikt-Regel unterzuordnen. Alle erhielten dasselbe Kleid, eine schwarze Kutte, so waren sie vor Gott alle gleich. Als es immer mehr Männer wurden, die mitmachen wollten, bildeten sie einzelne kleine Gemeinschaften und bauten sich jeweils ein eigenes Haus. Drumherum wurde eine Mauer errichtet, damit das Mönchshaus klar von der lauten Außenwelt abgegrenzt war. Und da so ein von der Welt abgeschlossenes Haus auf Lateinisch claustrum heißt, entstand so das Wort Kloster. Das berühmteste der Benedikt-Kloster entstand auf einem Berg zwischen Rom und Neapel, in Montecassino. Mit den eigenen Händen erbauten Benedikt und seine Mönche das große Haus, denn einer der Grundsätze der Benediktiner war es, von der Arbeit der eigenen Hände zu leben.

Der große Benedikt starb friedlich am 21. März 547. Beigesetzt wurde er in Montecassino neben seiner geliebten Schwester Scholastika.

 Hast du schon einmal ein Kloster gesehen?

Benedictus · Benedict · Benedicht
Bendix · Dix · Beneke · Bene · Benno
Benedetto · Benito · Benedicto · Bennet
Bénédict · Bénoît · Bengt · Bendt

HEINRICH UND KUNIGUNDE

DAS EHEPAAR Heinrich II. und Kunigunde ist Seite an Seite im Dom von Bamberg begraben. Dies drückt aus, wie eng beide zusammen gehört haben. Kunigunde und Heinrich waren sich in tiefer Liebe verbunden und standen sich in allen Lebenssituationen, vor allem in den schweren, immer bei. Die Traurigkeit darüber, dass sie kein gemeinsames Kind hatten, band sie noch enger zusammen. Von Heinrich gibt es dazu das Wort: „Da mir keine Hoffnung auf leibliche Nachkommen bleibt, habe ich Christus zu meinem Erben erkoren."

Heinrich kam im Jahr 973 als Sohn des Herzogs von Bayern zur Welt. Als er 22 Jahre alt war, wurde er Herzog, sieben Jahre später sogar deutscher König. Er übernahm eine schwere Aufgabe, denn sein Vorgänger im Königsamt hatte viel falsch gemacht. Überall herrschten Unruhen, Verbrecher trieben ihr Unwesen, es gab keinen Glauben mehr. Heinrich packte alle Probleme sofort tatkräftig an und hatte schon bald Erfolge. Er war beliebt im Volk, das seine tiefe Religiosität und sein großes Gottvertrauen bewunderte. Tausende fanden durch Heinrichs Vorbild zum Glauben zurück. Der König errichtete neue Bistümer und viele Klöster und berief über 40 Bischöfe und Äbte, die alle erfolgreich den Glauben verbreiteten.

Treu an der Seite von Heinrich stand seine liebe Frau Kunigunde, die seine Arbeit fest unterstützte. Niemand konnte das Königspaar auseinander bringen, auch nicht böswillige Menschen, die behaupteten, dass Kunigunde ihren Mann betrog. Als Kunigunde diese Anschuldigung hörte, lief sie zum Beweis ihrer Unschuld mit nackten Füßen über glühendes Eisen – und blieb völlig unverletzt. Der Höhepunkt im Leben des Königspaares war der 14. Februar 1014: Im Petersdom in Rom krönte der Papst Heinrich zum deutschen Kaiser und Kunigunde zur Kaiserin. Heinrich II. starb am 13. Juli 1024, Kunigunde im Jahr 1033. Beide wurden heilig gesprochen. Heinrich II. trägt den Beinamen „der heilige Kaiser".

Kennst du auch ein Paar, das schon lange zusammen ist und sich immer noch sehr lieb hat?

Hinrich · Heinz · Heiner · Heinar · Henner · Hendrik · Henrik · Henryk · Endrik · Henning · Henke · Heinke · Heintje · Hennes · Henno · Heino · Heiko · Heini · Heise · Hinz · Henry · Henri · Enrico · Enzio · Arrigo · Enrique · Harry · Genrich · Jendrik · Jindrich

Künnegonde · Gundel · Kuni · Kunna · Konne · Kunihild · Cunégonde

MARGARETA

MARGARETA ist eine seit Jahrhunderten besonders beliebte Heilige, sie gehört zu den 14 Nothelfern, vor allem Mütter in Not erbitten ihre Hilfe. Und das alles, obwohl man gar nicht genau weiß, ob Margareta wirklich gelebt hat. Trotzdem ist die Geschichte, die man über sie erzählt, sehr bekannt.

Danach kam Margareta um das Jahr 290 in Antiochien zur Welt, heute liegt das in Syrien. Margaretas Vater hieß Theodosius, er glaubte nicht an den Gott der Christen. Er übergab seine kleine Tochter einer Amme zur Erziehung, wusste aber nicht, dass die Frau Christin war. Als Margareta älter geworden war, holte der Vater sie zurück. Schon bald merkte er, dass seine Tochter Christin geworden war und war außer sich vor Zorn. Als Margareta sich weigerte, ihren Glauben aufzugeben, zeigte der Vater sie bei Olybrius, dem römischen Statthalter und Christenhasser, an. Olybrius aber war fasziniert von Margaretas Schönheit und wollte sie heiraten. Er bot ihr an, die Anklage gegen sie dann fallen zu lassen. Margareta antworte ihm, dass sie nur Christus liebte und deshalb nicht heiraten wolle. Da war Olybrius zutiefst gekränkt. Er ließ Margareta in der Kerker werfen und foltern. Als er sie erneut verhören wollte, traute er seinen Augen nicht: Der schwer verletzte Körper des Mädchens war ohne jede Wunde. In der folgenden Nacht erschien Margareta ein riesiger Drache, der versuchte, sich um ihren Körper zu schlingen. Gleichzeitig erfüllte ein helles Licht den Kerker, und inmitten des Strahls erblickte Margareta eine weiße Taube. Sie schlug das

Kreuzzeichen über dem Ungeheuer, und der Drache fiel tot zu Boden. Olybrius sah das helle Licht und das alles wurde ihm unheimlich. Am nächsten Tag ließ er Margareta töten. Kurz bevor sie starb, bat Margareta Gott darum, allen Menschen, die später in einer Notlage zu ihr beten, Hilfe zu gewähren. So wurde sie zur Nothelferin.

 Was, glaubst du, bedeutet der Drache? Und was die Taube?

Margarete · Margaretha · Margarethe · Margret
Margaret · Margot · Margit · Margita · Margrit
Marga · Meta · Greta · Grit · Gritta · Gitta · Gretel
Gesche · Rita · Reta · Reda · Margarita
Margherita · Marguérite · Margotine · Margone
Marjorie · Margery · Madge · Mag · Meg
Magga · Maggie · Peggy · Maret · Marit · Merit
Merita · Marketta · Margalita

DANIEL

DU HAST sicher schon einmal vom Daniel in der Löwengrube gehört. Aber kennst du auch seine Geschichte? Um sie zu erzählen, müssen wir viele Jahrhunderte zurückgehen …

Daniel lebte etwa 600 Jahre, bevor Christus geboren wurde. Er war ein frommer Jude aus Jerusalem. Eines Tages brach ein schlimmer Krieg aus, und Jerusalem fiel in die Hände des babylonischen Königs Nebukadnezzar, der die Juden verfolgen und sogar töten ließ. Viele Einwohner Jerusalems gerieten in Gefangenschaft, auch der junge Daniel. Bald berichteten die Gefängniswächter dem König, dass Daniel sehr gebildet war und über ein großes Wissen verfügte. Nebukadnezzar ließ ihn daraufhin aus dem Gefängnis zu sich an den Hof bringen.

Der Herrscher wollte von der Gelehrtheit Daniels profitieren und gab ihm die Stelle eines Beraters. Daniel erkannte seine Chance zu überleben, wenn er es jetzt nur richtig anstellte. Er war dem König zu Diensten, stellte jedoch die Bedingung, dass er weiterhin die Gebote seines Gottes befolgen durfte. Nebukadnezzar akzeptierte das nur unwillig, aber er wollte ja etwas von Daniel, und deshalb stimmte er zu. Am meisten beeindruckte Daniel den König durch seine Gabe, Träume deuten zu können. Nebukadnezzar träumte nämlich viel und wollte am nächsten Morgen immer wissen, was die Träume bedeuteten. Daniel wusste fast immer die richtige Erklärung. Als er wieder einmal einen Traum richtig gedeutet hatte und das Ereignis aus dem Traum tatsächlich eintraf, sagte Nebukadnezzar zu Daniel: „Dein Gott ist wahrhaftig der Gott über alle Götter." Und Daniel diente dem König viele Jahre.

Die berühmte Geschichte von der Löwengrube ereignete sich während der Regierungszeit des Königs, der nach Nebukadnezzar kam. Er hieß Darius. Daniel war jetzt etwa 80 Jahre alt und immer noch am Königshof. Eines Tages durfte auf Grund eines Gesetzes 30 Tage lang kein Gebet an irgend einen Gott gerichtet werden außer an König Darius. Daniel betete trotzdem treu zu seinem Gott. Seine Feinde im Palast, die schon lang eifersüchtig auf seine hohe Stellung waren, zeigten ihn deshalb beim König an. Schweren Herzens ließ Darius Daniel, den er sehr schätzte, in eine Grube voll mit ausgehungerten Löwen werfen. Das Gesetz sah diese Bestrafung vor. Als der König am nächsten Morgen nach dem toten Daniel sehen wollte, stand dieser völlig unverletzt zwischen den Löwen, diese lagen friedlich um ihn herum. Daniel rief Darius fröhlich zu: „Mein Gott sandte seinen Engel und verschloss den Löwen den Rachen." Beschämt ließ der König Daniel wieder zu sich in den Palast bringen. Einige Jahre später starb Daniel friedlich und in festem Glauben an seinen Gott, der ihn nie verlassen hatte. Der Name Daniel steht also auch für Gottvertrauen.

Was hilft dir am besten, wenn du große Angst hast?

Dan · Dän · Danni · Danny · Dannel · Nel · Dane · Daniele · Danilo · Danil · Dano · Dános · Danco

MARIA MAGDALENA

MARIA Magdalena war eine wichtige Frau im Freundeskreis von Jesus. Sie hieß mit Geburtsnamen Maria, und da sie aus dem Ort Magdala am See Genesaret stammte, nannte man sie zusätzlich Magdalena. Maria Magdalena war für Jesus eine Freundin, die immer für ihn da war, wenn er Unterstützung brauchte oder jemanden, mit dem er reden konnte. Auch mit Geld konnte sie ihn unterstützen, denn sie war wohlhabend. Maria Magdalena tat das alles, weil sie viel früher als die anderen Menschen bemerkt hatte, dass Jesus jener Messias war, den man in Israel so sehr herbeisehnte. Viele hatten ja am Anfang gedacht, dass dieser Jesus ein Spinner war, wie er da so durch das Land zog und predigte. Maria Magdalena aber glaubte an ihn.

Die Bibel erzählt auch, dass Maria Magdalena durch Jesus von einer schweren Krankheit geheilt wurde, an der sie seit langem litt. Diese Krankheit ist so, dass ein Mensch immer sehr traurig ist und am Leben keine Freude hat oder so verwirrt im Kopf ist, dass er oft nicht einmal die Menschen wahrnehmen kann, die ihm am nächsten stehen. So war es auch bei Maria Magdalena, bevor sie Jesus kennen lernte. Er half ihr und Maria war geheilt.

Wie groß ihre Liebe zu Jesus Christus war, bewies Maria Magdalana besonders am Karfreitag, also an dem Tag, an dem Jesus getötet wurde. Mutig stand sie zusammen mit Maria, der Mutter von Jesus, und dem Apostel Johannes inmitten der brüllenden und drohenden Soldaten unter dem Kreuz, an dem der Leichnam Jesu hing. Alle anderen Jünger hatten sich aus Angst versteckt, sie aber stand da wie ein Fels.

Den bewegendsten Augenblick aber erlebte Maria Magdalena am Ostermorgen: Als sie als erste ganz früh am Morgen zum Jesus-Grab kam, war dieses leer. Sie war verzweifelt, denn sie dachte, jemand hätte den toten Körper gestohlen. Plötzlich sah sie Jesus, aber er sah ganz anders aus und sie erkannte ihn nicht. Sie sprach ihn an, und er antwortete ihr. Da wusste sie, es war Jesus. Er bat Maria Magdalena um einen letzten Freundschaftsdienst: sie sollte die Kunde von seiner Auferstehung überall verbreiten. Überglücklich rannte Maria Magdalena in die Stadt und erzählte es allen.

Hast du auch so einen Freund, für den du wirklich alles tun würdest?

Marie · Marei · Mareile · Mariana · Marion · Maren · Marita · Maritta · Miriam · Mirjam · Maia
Maja · Meike · Maike · Marike · Maricke · Marieka · Marieke · Mareike · Marijke · Marinka · Mieke
Mirl · Mia · Ria · Mimi · Mieze · Mitzi · Mizzi · Marilyn · Mary · Mami · Maureen · Maura · Maire
Mae · May · Minnie · Manon · Marietta · Marinetta · Mariella · Marella · Marica · Marihuela · Maris
Mariska · Marka · Marja · Marija · Marya · Mascha · Maschinka · Maruscha · Maruska

Magdalene · Magdalen · Magda · Magdali · Magdelina · Madina · Madlen · Malene · Marlene · Malen
Malin · Malina · Madlon · Maudlin · Maud · Maudin · Mädi · Mady · Maddy · Mado · Maggy · Magel
Lena · Alena · Alina · Lene · Leni · Lenelle · Leli · Lona · Madelina · Madeline · Madelena · Madeleine
Maddalena · Magalonne · Madlenka · Lenka · Magdolna

BIRGITTA

BIRGITTAS Name kommt aus der irischen Sprache und bedeutet „die Kraftvolle". Das passt gut zu ihr, denn alles, was Birgitta tat in ihrem Leben, packte sie immer mit großer Kraft an.

Mit 14 Jahren musste Birgitta den 18jährigen Grafensohn Ulf heiraten. Schon bald spürten Birgitta und Ulf, dass sie sich, obwohl zur Hochzeit gezwungen, wirklich lieb hatten. Die Ehe wurde glücklich, acht Kinder kamen zur Welt, vier Mädchen und vier Jungen, und Birgitta war ihnen eine vorbildliche Mutter. Als Birgitta 41 Jahre alt war, starb ihr geliebter Ehemann. Sie trauerte sehr und zog sich in ein Kloster zurück, um ganz allein zu sein. Eines Tages, während sie betete, hörte sie plötzlich eine innere Stimme, die sie aufforderte, dabei mitzuhelfen, dass die Menschen wieder ein besseres Leben führen. Zu jener Zeit machten nämlich fast alle das, was ihnen gerade gefiel und nahmen dabei keine Rücksicht auf andere und auf Gesetze sowieso nicht. Die Stimme, die nur Birgitta hören konnte, befahl ihr, für ihre Arbeit einen Orden zu gründen und gab ihr sogar die Ordensregel vor. Birgitta war glücklich, wieder eine Aufgabe zu haben. Sie machte sich sofort auf den Weg in die Papststadt Rom, wo sie den Birgittenorden ins Leben rief. Ihr ganzer Einsatz galt von nun an dem empfangenen Auftrag, die Menschen wieder zu einem verantwortungsvolleren und gläubigen Leben zu führen. Außerdem lag ihr am Herzen, dass sich Reiche und Arme besser verstanden und einander mehr respektierten.

Für Versöhnung, Glaube und Friede arbeitete Birgitta von Schweden unermüdlich bis zu ihrem Tod am 23. Juli 1373. Auch ihr Sterbedatum sagte ihr die innere Stimme übrigens genau voraus. Der riesige Trauerzug, in dem Birgittas Leichnam von Rom nach Schweden überführt wurde, war eines der größten Ereignisse jener Zeit. Birgitta war berühmt und geachtet in ganz Europa. 1999 ernannte der Papst sie deshalb auch zur Patronin von Europa. Das Besondere an Birgitta ist, dass sie bis heute von Katholiken und von Protestanten verehrt wird.

 Glaubst du, dass die Menschen auch ohne Regeln gut zusammenleben könnten?

Brigitta · Brigitte · Brigida · Birgida · Birgit
Birgitt · Birgid · Britta · Brit · Britt · Brid
Briga · Brigga · Birte · Birke · Berit ·
Berrit · Gitta · Gitte · Bridget · Bride · Briddy

CHRISTOPHORUS

WER AM Morgen ein Christophorus-Bild anschaut, ist bis zum Abend vor Unfällen geschützt, heißt es im Volksmund. Deshalb haben viele Autofahrer eine Christophorus-Plakette in ihrem Auto. Der Glaube an die Kräfte von Christophorus entstand, weil er in seinem Beruf als Menschenträger alle, die er auf seinen Schultern trug, sicher ans Ziel brachte. Christophorus ist also so etwas wie der Transport-Nothelfer.

Christophorus kam im 3. Jahrhundert in Kleinasien, in der heutigen Türkei, zur Welt. Bei der Geburt war er riesengroß und sein Körper war sehr verwachsen, weshalb ihm seine Eltern den Namen „Reprobus" gaben, was „der Verworfene" heißt. Als er erwachsen war, machte sich Reprobus auf die Suche nach einer für ihn passenden Arbeit. Dabei traf er einen Einsiedler, der seine Hütte an einem Fluss gebaut hatte. Die beiden kamen ins Gespräch, und der alte Mann gab ihm den Rat, seine Riesenhaftigkeit doch dafür zu nutzen, Menschen auf den Schultern durch den Fluss ans andere Ufer zu tragen. Und so verdiente sich Reprobus von nun an seinen Lebensunterhalt.

Eines Tages stand plötzlich ein Kind ganz allein vor Reprobus und bat ihn, es durchs Wasser ans andere Ufer zu tragen. Während der Flussdurchquerung spürte Reprobus, wie das Kind auf seinen Schultern schwerer und schwerer wurde. Gerade schaffte er es noch bis an Land, wo er das Kind erschöpft absetzte. Als er es sich etwas genauer ansah, sagte das Kind zu ihm: „Christophorus, du hast mehr getragen als die Welt. Du hast den Schöpfer der Welt getragen. Ich bin der König Jesus Christus." Von diesem Tag an hieß Reprobus Christophorus, das bedeutet Christusträger.

Die Geschichte erzählt, dass Christophorus später von römischen Soldaten wegen seines Glaubens verfolgt und getötet wurde. Die Erinnerung an ihn konnten sie aber nicht zerstören.

 Hast du schon eine Idee, was du später für einen Beruf haben möchtest?

Christopher · Christoph · Christoffer · Christof · Chris · Kristoffer · Kristof · Kristoffel · Stoffer Stoffel · Toffel · Christophe · Cristoforo · Christóbal · Christo · Cristo · Krysztof · Chrystal

CHRISTINA

DIE GESCHICHTE der Christina von Bolsena ist eng verbunden mit der Geschichte des Fronleichnamfestes, welches wir jedes Jahr mit einer farbenprächtigen Prozession feiern. Und das kommt so: Auf dem Altar in der Christina-Kirche ereignete sich etwa 1000 Jahre nach Christinas Tod ein ungewöhnliches Wunder. Als der Pfarrer eine Hostie in der Hand hielt, tropfte plötzlich Blut heraus. So, wie aus den Wunden von Jesus am Kreuz das Blut heraus geflossen war. Gläubige brachten die blutbefleckten Altartücher so schnell wie möglich zu Papst Urban IV. nach Rom, um ihm von dem Ereignis zu berichten. Und der Papst erklärte Fronleichnam – das bedeutet „lebendiger Leib" – zu einem für die ganze Kirche verbindlichen Fest.

Christina lebte um das Jahr 300 in Bolsena in Italien. Ihre Eltern waren nicht getauft und verehrten die alten Götter. Um ganz sicher zu gehen, dass auch Christina an die Götter glaubte, sperrte der Vater das Mädchen mit zwölf Dienerinnen in einen Turm ein, in dem er Götterstatuen aufgestellt hatte. Was der Vater aber nicht wusste: eine der Dienerinnen war bereits getaufte Christin. Voller Begeisterung unterrichtete sie Christina im Glauben, und als alle den Turm wieder verlassen durften, zerschlug Christina vor den Augen ihres Vaters alle Götterstatuen.

Der Vater war außer sich vor Wut und ließ Christina von seinen Dienern mit Ruten schlagen, bis ihr ganzer Körper blutete. Am nächsten Tag aber waren alle Wunden geheilt. Da befahl der Vater, Christina auf ein Rad zu binden und darunter ein Feuer zu entzünden. Plötzlich schoss eine riesige Flamme empor und tötete alle umstehenden Menschen. Christina aber blieb unverletzt. Jetzt ließ der Vater seiner Tochter einen großen Mühlstein um den Hals binden und sie ins Meer stürzen. Aber bevor Christina unterging, kamen Engel hernieder und brachten sie ans rettende Ufer. Nun glaubte der entsetzte Vater endgültig an Zauberei und ließ seine Tochter auf der Stelle von Bogenschützen mit Pfeilen töten. Christinas Grabstätte in der Christina-Kirche in Bolsena wird bis heute von vielen Gläubigen besucht.

 Kennst du das: Du hattest das Gefühl, etwas nicht mehr zu schaffen, und dann kam plötzlich die Rettung und alles ging gut aus?

Christine · Christianna · Christiana · Cristiana
Cristina · Christiane · Christianne · Christin
Christa · Christel · Krystel · Christeta
Kristina · Kristine · Kristin · Kirstin · Kirsten
Kerstin · Kerstina · Kersti · Chris · Chrissy
Stine · Dina · Nina · Nana · Nane

JAKOBUS DER ÄLTERE

JAKOBUS war einer der zwei „Donnersöhne" unter den Zwölf Aposteln. Jesus hatte ihm diesen Namen gegeben, denn Jakobus war von stürmischem Temperament, wenn es darum ging, Recht zu haben. Das hatte er mit seinem Bruder Johannes gemeinsam, und deshalb nannte Jesus auch ihn einen „Donnersohn".

Jakobus der Ältere war von Beruf Fischer am See Genesaret. Als Jesus ihn und Johannes fragte, ob sie seine Jünger werden wollten, zögerten beide keinen Augenblick. Jakobus durchlebte mit Jesus alles Glück, aber auch alles Leid. Beide verband eine enge Freundschaft. Und Jakobus wachte an Jesu Seite, als der Sohn Gottes die letzte Nacht seines Lebens in Todesangst im Garten auf dem Ölberg verbrachte.

Nach der Auferstehung von Jesus erzählte Jakobus in Jerusalem alles weiter, was er von Jesus wusste: sein Leben und seine Auferstehung. Wegen seiner Redegewandtheit war er bald ein angesehener Mann. Das aber passte König Herodes Agrippa überhaupt nicht, er sah in Jakobus eine Gefahr für seine eigene Macht. Als der Apostel wieder einmal eine große Rede hielt, ließ Herodes ihn kurzerhand gefangen nehmen und zum Tode verurteilen. Jakobus der Ältere starb an Ostern des Jahres 44. Er war der erste der Zwölf Apostel, der als Märtyrer starb, also als einer, der den Glauben an Jesus mit seinem Leben bezahlte.

Die Jakobus-Gebeine kamen später in die Stadt Santiago de Compostela in Spanien. Und hier begann eine neue Geschichte: Jakobus wurde Jahrhunderte nach seinem Tod zu einem der am meisten verehrten Heiligen in Europa. Könige, Bischöfe und Bürger pilgerten zu Tausenden zum Jakobus-Grab, und bald war Santiago de Compostela hinter Rom und Jerusalem der drittgrößte Wallfahrtsort der Christenheit. Das Besondere aber ist, dass die Menschen aus der ganzen Welt noch heute hierher zu Jakobus kommen. Die Straßen, die sie nehmen, nennt man „Jakobswege". Sie sind oft mit einer Muschel, dem Zeichen des Jakobus, gekennzeichnet.

 Kennst du jemanden, der auch so stürmisch wie Jakobus ist?

Jacobus · Jakob · Jacob · Jacobo · Jackel · Jockel Jäckel · Jacki · Joggi · Jäggi · Schack · Jacques Jack · James · Jim · Jimmy · Giacomo · Giacobbe Jago · Jacopo · Iacopo · Jaime · Diego · Diaz Santiago · Jakub · Jacubowski · Jakow · Jascha

ANNA UND

FRAUEN, die sich viele Jahre vergeblich ein Kind wünschen, beten oft zu Anna und bitten sie um Hilfe. Das kommt daher, weil auch Anna und ihr Ehemann Joachim lange Zeit auf ein Kind warten mussten, bis ihnen dann endlich ein Mädchen geschenkt wurde, nämlich Maria. Sie wurde später die Mutter von Jesus, Anna und Joachim waren so die Großeltern von Jesus. Auf Bildern sind meist nur Anna, Maria und Jesus zusammen zu sehen; es gibt nur ganz wenige Darstellungen, auf denen beide Großeltern mit Tochter und Enkel abgebildet sind.

Anna und Joachim führten nach ihrer Hochzeit ein Leben treu im Glauben an Gott. Wie so viele Menschen in Israel warteten auch sie sehnsüchtig auf den angekündigten Messias, der das Heil auf die Erde bringen sollte, denn die Zeiten waren damals unruhig und unsicher. Eines Tages, als Anna und Joachim schon über 20 Jahre verheiratet waren, passierte etwas Seltsames: Gleichzeitig erschien Joachim, der gerade in der Wüste unterwegs war, und Anna, die zu Hause arbeitete, ein Engel und verkündete beiden, dass sie ein Kind bekommen würden. Zu Anna sagte der Engel: „Anna, Anna, erhört hat der Herr deine Bitte, du wirst empfangen und einem Kind das Leben schenken, das auf der ganzen Welt gepriesen wird."

Außer sich vor Freude rannte Anna sofort in die Stadt hinein und zum Tempel, um Gott zu danken. An der Pforte stieß sie mit Joachim zusammen, der aus der Wüste herbeigerannt kam, und beide fielen sich vor Glück in die Arme. Neun Monate später wurde Maria geboren. Anna trug also den richtigen Namen, denn Hanna oder Anna bedeutet „die Begnadete". Und es war wirklich eine große Gnade, dass Gott gerade sie auserwählt hatte, Maria zur Welt zu bringen, die später die Mutter von Jesus werden sollte.

Die Legende berichtet, dass Anna und Joachim gelobten, Maria aus Dankbarkeit über ihre Geburt Gott zu weihen. Als das Mädchen drei Jahre alt war, brachten sie es deshalb zum Tempel nach Jerusalem. Die kleine Maria soll strahlend die Tempeltreppen hinaufgerannt sein, so glücklich war sie, von nun an ganz nah bei Gott sein zu dürfen. Das Fest Mariä Opferung, das man noch heute kennt, erinnert an dieses Ereignis. Was danach aus Anna und Joachim wurde, weiß man nicht, die Bücher schreiben nichts mehr über sie. Anna ist aber als Patronin der Mütter und der schwangeren Frauen bis heute in unserem

JOACHIM

Leben präsent. Und auch Joachim hat einen Ehrenplatz: Er ist der Schutzheilige der Ehepaare.

Der 26. Juli wird vielerorts auch Anna-Tag genannt. Früher gab es überall Anna-Brünnlein, und der Volksglaube sagte, dass deren Wasser von Kopfweh und Bauchweh heile und Fieber vertreibe. Für die Bauern ist der 26. Juli noch heute ein so genannter Merk- oder Lostag. Das bedeutet, dass man davon, wie das Wetter an diesem Tag ist, ableitet, wie die Ernte im Herbst ausfällt oder wie das Wetter im Winter wird. Da gibt es zum Beispiel diesen Spruch: „Ist Sankt Anna klar und rein, wird bald das Korn geborgen sein."

 Kennst du auch Familien, in denen es etwas Außergewöhnliches gibt, vielleicht Zwillinge oder ein adoptiertes Kind?

Anne · Ann · Anni · Anneli · Aneli Annerl · Hanna Hannah · Hanne Anette · Annette · Antje · Anke Anka · Anja · Ania · Ana · Anita Annik · Annick Annika Anika Anica · Anneke · Anjuta · Anjuschka Annuschka · Asja · Nanni · Nannerl Nane · Netta Nancy · Nanny · Nan Nanette · Nanine · Nanon · Ninon

Jochim · Jochem · Jochen · Joakim Jokum · Gioacchino Joaquin · Achim · Akim · Kim

IGNATIUS VON LOYOLA

DIE GESCHICHTE der ersten 30 Lebensjahre von Ignatius von Loyola liest sich fast wie ein Roman. Man muss allerdings sagen, dass dieser Ignatius als junger Mann alles andere als ein Vorbild war und die tollsten Dinge anstellte. Und dennoch wurde er ein großer Heiliger. Wie das kam? Hier ist die Geschichte.

Ignatius wurde im Jahr 1491 auf Schloss Loyola in Spanien geboren. Seine Eltern waren Adlige, Prunk und Luxus gehörten für ihn von Kindesbeinen an zum Leben. Vielleicht wurde Ignatius deshalb als Bursche ein so eitler Angeber. Überall behauptete er, der Beste zu sein, ständig suchte er Streit, allen Mädchen in der Stadt stellte er nach und Freunde betrog er beim Spiel. Als Ignatius erwachsen war, ging er zur Armee. Bei einem Kriegseinsatz erlitt er schwere Verletzungen und lag monatelang im Krankenbett. Eines Tages blätterte er gelangweilt in einigen Büchern. Zuerst ärgerte er sich, weil es darin nur um Heilige ging. Dann aber berührten ihn die Erlebnisse dieser Menschen mit einem Mal sehr und er konnte gar nicht mehr aufhören zu lesen. Als er fertig war, fiel es ihm wie Schuppen von den Augen: Wie sinnlos hatte er doch bisher sein Leben verbracht.

Als Ignatius wieder gesund war, wollte er für alles büßen, was er falsch gemacht hatte. Er zog sich in eine einsame Höhle zurück, um zu fasten und zu beten. In einem Büchlein, seinem so genannten Exerzitienbuch, schrieb er alle Bußübungen auf. Dann ging Ignatius nach Paris, um sich an der Universität auf sein neues Leben, ein Leben für Gott, vorzubereiten. Er wollte einen Orden gründen. Ein paar Freunde, die von dieser Idee begeistert waren, schlossen sich ihm an. Die kleine Gruppe gab sich auch einen Namen: Nach Jesus nannten sie sich „Gesellschaft Jesu" oder auch Jesuiten. Immer mehr Männer kamen dazu, bald waren es Hunderte. Anders als die anderen Orden, deren Mitglieder damals verborgen hinter Klostermauern lebten, gingen die Jesuiten dorthin, wo die Menschen waren. Sie arbeiteten und lehrten in Schulen, Kindergärten und Krankenhäusern und bald auch in den Universitäten. Die Männer reisten als Missionare in fremde Länder und brachten die Kunde von Gott bis in die entferntesten Ecken der Welt. Weil die Jesuiten überall kostenlos unterrichteten, wurden sie aus immer mehr Ländern angefordert, so dass sich der Orden schnell verbreitete. Aber wo jemand Erfolg hat, gibt es oft auch eifersüchtige Menschen, und so war es auch bei Ignatius. Einige Neider versuchten sogar, seine Gemeinschaft zu zerstören, doch der Orden war so stark, dass er alle Höhen und Tiefen überstand. Eines der Lehrbücher für die Arbeit aller Jesuiten war übrigens immer das Exerzitienbüchlein von Ignatius, das er damals in seiner Höhle geschrieben hatte.

Der Ordensgründer Ignatius von Loyola starb am 31. Juli 1556. Seine Jesuiten arbeiten bis zum heutigen Tag mit großem Erfolg auf der ganzen Welt. Da passt das Wort, das einmal ein Freund von Ignatius gesagt hat, sehr gut: „Den Nagel, den Ignatius einschlägt, zieht niemand mehr heraus."

 Kennst du jemand, der sein Leben nach einem bestimmten Erlebnis, das ihm widerfahren ist, geändert hat?

Egnatius · Ignaz · Ignatz · Naze · Ignazio
Ignacio · Inigo · Ignatij · Hynek

DOMINIKUS

VON DOMINIKUS kennen wir ein wunderschönes Wort: „Im Buch der Liebe steht mehr als in jedem anderen Buch, denn es lehrt alles."

Dominikus kam um das Jahr 1170 in Spanien zur Welt. Wenige Tage vor seiner Geburt hatte seine Mutter einen Traum: Das Kind in ihrem Leib war ein kleiner Hund, der eine brennende Fackel in der Schnauze trug. Nachdem sie das Hündlein geboren hatte, setzte das Feuer der Fackel die ganze Welt in Brand. Wie bedeutungsvoll dieser Traum war, sollte sich Jahre später zeigen. Dominikus hatte inzwischen Theologie und Philosophie studiert. An der Universität war er nicht nur durch seine roten Haare aufgefallen, sondern auch durch seine tiefe Gottgläubigkeit. Voller Traurigkeit beobachtete Dominikus, wie sich die Menschen immer mehr über den Glauben stritten. Er wusste aber auch, warum das so war: Die Kirche präsentierte sich mit zu viel Pomp und Reichtum, und das stieß die Menschen ab. Dominikus entschloss sich zum Handeln. Zusammen mit einigen Gefährten machte er sich auf den Weg und zog als bescheidener Wanderprediger über die Dörfer. Durch viele Gespräche brachte er Menschen, die nicht mehr auf die Priester hören wollten, wieder zur Kirche zurück. 20 Jahre lang war Dominikus so in Spanien, Frankreich und Italien unterwegs.

Als der Ruf nach einer Dominikus-Gemeinschaft mit ihm als Anführer immer größer wurde, gründete Dominikus im Jahr 1215 offiziell den Predigerorden der Dominikaner. Der Papst erlaubte ihm, ja, er bat ihn, den Orden schnell in der ganzen Welt zu verbreiten, denn er spürte, dass ihm dieser bescheidene Mann aus Spanien dabei helfen konnte, die schlimme Zeit in der Kirche zu bewältigen.

Dominikus hatte das Samenkorn gelegt, das Wachsen seines Ordens aber durfte er nicht mehr miterleben. Seine Kräfte waren völlig aufgezehrt, im Alter von nur etwa 50 Jahren starb er 1221. Doch die Art des Predigens und der Seelsorge, die Dominikus vorgelebt hatte, wurde zum Vorbild für Tausende von Dominikanern und ist es heute noch.

 Denkst du manchmal über deine Träume nach?

Dominicus · Dominik · Dominic · Domenico · Dominique · Domingo · Doman · Dunko · Kus

LAURENTIUS

DER HEILIGE Laurentius hat auf allen Abbildungen etwas bei sich, an dem man ihn sofort erkennt: einen Rost. Die Legende erzählt nämlich, dass er auf einem Rost über dem Feuer gestorben ist.

Laurentius war ein junger Diakon, der aus Spanien nach Rom gekommen war und dort an der Seite von Papst Sixtus II., der für ihn wie ein Vater war, für den Glauben kämpfte. Zu jener Zeit war der ungläubige römische Kaiser Valerian an der Macht, der die gläubigen Menschen hasste und sie verfolgte. Sogar vor dem Papst machte Valerian nicht Halt, ihn ließ er eines Tages während eines Gottesdienstes heimtückisch ermorden. Danach rief er Laurentius zu sich und forderte ihn auf, ihm alle Kirchengüter zu übergeben. Ganz ruhig antwortete ihm Laurentius: „Wohl besitzt die Kirche einen kostbaren Schatz. Gib mir drei Tage Zeit, dann will ich ihn vor dir ausbreiten."

Tatsächlich kam Laurentius nach drei Tagen zurück. Und er brachte auch den angekündigten Kirchenschatz mit: Vor Kaiser Valerian erschienen die Armen, Kranken und Verachteten der Stadt, unter denen Laurentius in den drei Tagen den gesamten Kirchenbesitz aufgeteilt hatte. Laurentius rief dem Kaiser zu: „Das hier ist der unvergängliche Schatz der Kirche. Heller als alles Gold und alle Diamanten strahlt aus diesen Menschen der Glanz des Glaubens." Valerian war außer sich vor Zorn, dass dieser junge Diakon es wagte, ihn lächerlich zu machen

und wies seine Soldaten an, ihn sofort zu töten. Die Männer banden Laurentius auf einen Rost und entzündeten darunter ein Feuer. Aber keine Klage kam über die Lippen des Gequälten. Laurentius betete und erwartete seinen Tod mit großer Haltung.

Im Bauernkalender hat Laurentius eine besondere Bedeutung. Der Laurentius-Tag leitet den Anbau der herbstlichen Feldfrüchte ein, und ein Bauernspruch sagt: „Auf Laurenzi ist es Brauch, hört das Holz zu wachsen auf", was bedeutet, dass nun langsam der Herbst kommt.

 Kennst du noch andere Bauernregeln?

Laurenz · Laurens · Lorenz · Lauritz · Laurits · Laurids · Laurin · Laurus · Laure · Lauri · Loris · Lars · Lasse · Lenz · Renz · Enz · Enzeli · Lorenzo · Lorenzino · Lauro · Renzo · Rienzo · Laurent · Laurence · Lawrence · Lavranz · Lavrans · Lawrentij · Lavrentj · Lörinc · Vavrinec · Wawrin

KLARA VON ASSISI

ES IST etwas ganz Besonderes, in der Stadt Assisi in Umbrien den Spuren der heiligen Klara zu folgen. Zwei Orte gibt es hier, an denen man Chiara, wie Klara in Italien heißt, ganz besonders spürt. Einmal ist das der Speisesaal in Klaras früherem Kloster San Damiano, wo an dem Platz, an dem sie immer saß, jeden Tag frische Blumen stehen. Und dann die Kirche Santa Chiara, in der in einem Glassarg ihr Leib liegt. Der Name von Klara leuchtet genau wie der ihres Freundes Franziskus hell und strahlend über Assisi. Ohne es zu wissen, hatten die Eltern ihrer neugeborenen Tochter bei der Taufe genau den richtigen Namen gegeben: Chiara bedeutet nämlich „die Leuchtende".

Klara wurde wohl 1194 in Assisi geboren. Sie war ein junges Mädchen, als sich der zwölf Jahre ältere Francesco Bernardone unter großer Anteilnahme der ganzen Stadt entschied, seine Familie zu verlassen und fortan als Bettelbruder Franziskus umherzuziehen. Franz und Klara kannten einander schon lang und waren sich wie Bruder und Schwester verbunden. Klara verstand sehr gut, warum Franz das Luxusleben, das seine reiche Familie führte, nicht mehr haben wollte. Auch sie sehnte sich schon lang nach einem einfachen Leben, in dem Gott im Mittelpunkt steht und nicht Geld, Besitz oder Macht. Und doch war sie traurig, denn sie merkte bald, dass sie Franz nun kaum noch sah, denn er kam so gut wie nie mehr nach Assisi. Als sie ihn nach langer Zeit wieder einmal traf und er ihr freudig von seinem neuen Leben erzählte, fragte sie ihn leise: „Franz, wann werden wir uns wiedersehen?" Franz antwortete: „Wir werden uns dann wiedersehen, wenn die Rosen blühen." Klara wurde traurig, denn jetzt war es ja tiefer Winter, und es würden noch lang keine Rosen blühen. Also würde sie Franz auch eine lange Zeit nicht wiedersehen. Doch was passierte? Mit einem Mal begannen um sie herum lauter wunderschöne Rosen zu blühen. Es heißt, dass Klara und Franz danach immer in Kontakt blieben und sich über alles, was sie erlebten, immer ausführlich berichteten.

Auch Klara riss nun von zu Hause aus. Wie Franz wollte sie ein Leben in Armut führen. Ihre Eltern, die zum mächtigen Adel gehörten, waren entsetzt, als sie ihre Tochter nach Monaten wieder sahen: Klara hatte sich von Franz die Haare abschneiden lassen, und bekleidet war sie mit einer Kutte aus Sackleinen. Sie hatte inzwischen das Gelübde abgelegt, ihr Leben Jesus Christus zu schenken. Klara schloss sich mit einigen Gefährtinnen zusammen, und nach ihr nannten sich die Frauen von nun an Klarissen. Auch sie wollten nun als Wanderpredigerinnen durchs Land ziehen, so wie es Franz und seine Bettelbrüder taten. Doch der Papst erlaubte es nicht. Da zogen sich die Klarissen in Assisi in das Kloster San Damiano zurück und lebten dort von nun an als Ordensgemeinschaft. Nicht nur sie selbst besaßen alle nichts, auch das Kloster hatte keinerlei Besitz. Aber das war genau das, was die Frauen wollten. Sie spürten, dass sie Gott so besonders nah sein konnten.

Klara war die Oberste dieser Frauengemeinschaft, man nennt das in einem Orden Äbtissin. Fürsorglich kümmerte sie sich um ihre Mitschwestern. In Berichten über sie heißt es, dass sie, obwohl sie die Äbtissin war, alle anderen Frauen demütig bediente. Sie hat das Dienen also nicht nur gepredigt, sie hat es auch selbst praktiziert. Als Klara am 11. August 1253 starb, hatte sich ihr Orden weit verbreitet, in Europa gab es schon 150 Klöster, in denen Klarissen lebten. Zwei Jahre nach ihrem Tod wurde Klara heilig gesprochen.

Kann es dir manchmal Freude machen, andere freiwillig zu bedienen?

Clara · Cläre · Kläre · Klärchen · Clarissa · Klarissa · Clarina · Clarinda · Clarette · Chiara · Clará · Clarita · Clairette · Claire · Clare · Clarice · Clartje

MAXIMILIAN KOLBE

DAS SCHICKSAL des Märtyrers Maximilian Kolbe bewegt die Menschen noch heute, Jahrzehnte nach seinem Tod. Ein Wort über ihn sagt: „Der Leichnam von Pater Kolbe wurde verbrannt und die Asche in alle Winde verstreut. Es gibt kein Grab von Pater Kolbe – es sei denn, die ganze Erde hat ihn aufgenommen." Und so ist es. Menschen auf der ganzen Erde verneigen sich in Achtung vor Maximilian Kolbe. Er hat sein Leben für das eines anderen Menschen hingegeben.

Als Raymund Kolbe kam Maximilian im Jahr 1894 in Polen zur Welt, den Namen Maximilian nahm er später im Franziskanerorden an. Er studierte in Rom und empfing dort auch die Priesterweihe. Obwohl er an einer schweren Krankheit litt, die ihn völlig erschöpfte, machte es sich Maximilian Kolbe neben seinem anstrengenden Priesterberuf noch zu einer weiteren Lebensaufgabe, die Verehrung für die Gottesmutter Maria zu verbreiten. In Polen, aber auch in anderen Ländern wie etwa in Japan gründete er dafür wichtige katholische Zeitungen.

Dann aber brach 1939 der furchtbare Krieg aus. Deutsche Soldaten, die in Kolbes Heimat Polen stationiert waren, verboten ihm, seine Zeitungen weiter zu drucken. Der Grund war, dass die Anstifter des Krieges verhindern wollten, dass die Menschen Gott oder Maria verehrten. Und es kam noch schlimmer: Maximilian Kolbe wurde sogar verhaftet. Die Soldaten zogen ihm schwarz-weiß gestreifte Kleider an und gaben ihm eine Nummer: es war die 16670. Dann transportierten sie ihn in ein Gefangenenlager in dem polnischen Ort Auschwitz. Als er dort ankam und sah, wie viele Menschen bereits in diesem Lager gefangen gehalten wurden und unter welch unwürdigen Verhältnissen sie in Baracken eingepfercht waren, war er entsetzt. Sein Herz wollte ihm vor Traurigkeit zerspringen. Aber er wusste, dass er nicht schwach werden durfte, denn gerade Priester, die den verzweifelten Menschen Mut machen und sie durch das Wort Gottes trösten konnten, wurden jetzt im Lager gebraucht.

Eines Tages passierte etwas Furchtbares: Bei Erntearbeiten auf dem Feld flüchtete einer der Häftlinge. Als Bestrafung, so beschlossen es die Lageraufseher, sollten zehn andere Häftlinge sterben. Sie suchten wahllos zehn Männer aus. Einer von ihnen, der Familienvater Franz Gajowniczek, weinte und rief immer wieder, dass er doch für seine Frau und seine Kinder sorgen müsse. Maximilian Kolbe stand etwas abseits und hörte das Schluchzen und Flehen. Mit einem Mal trat er entschlossen nach vorn und sagte mit fester Stimme: „Ich will für ihn sterben." Alle schauten ihn fassungslos an. Der Kommandant, dem es völlig egal war, wer ausgewählt wurde, ließ Maximilian Kolbe zusammen mit den anderen Männern abführen. Franz Gajowniczek war gerettet.

Mehrere Wochen mussten die zehn Männer ohne Essen in einem dunklen Bunker dahin vegetieren, einer nach dem anderen starb vor Hunger und Erschöpfung. Zeugen aus dem Lager be-

Was denkst du, welche Gedanken dem geretteten Franz Gajowniczek bei der Heiligsprechung von Maximilian Kolbe durch den Kopf gegangen sind?

Max · Maximinus · Maximin · Maximianus · Maximian · Maximinianus · Maximinian · Maxim · Maxime Massimiliano · Massiminiano · Massimino · Massimo · Massimilien · Maximilien · Maxence

richteten später nach Ende des Krieges, dass man den ganzen Tag nur Singen und Beten aus dem Bunker gehört habe, nicht aber ein einziges Wort der Klage. Es war Maximilian Kolbe, der seinen Mitgefangenen im Bunker immer wieder die Kraft gab, nicht zu verzweifeln. Als er als letzter der Gruppe noch am Leben war, abgemagert und nicht mehr fähig, aufzustehen oder zu gehen, gab ihm ein Aufseher eine Spritze, die ihn tötete. Der Tag war der 14. August 1941. Maximilian Kolbe war 47 Jahre alt. Im Lager Auschwitz beteten alle Gefangenen für den mutigen Priester, der sich geopfert hatte, um einem Familienvater das Leben zu retten.

Papst Johannes Paul II. sprach Maximilian Kolbe 41 Jahre später auf dem Petersplatz in Rom heilig. Niemand, der die Feier miterlebt hat, wird jemals vergessen, wie der 79 Jahre alte Franz Gajowniczek im schwarzen Anzug neben seiner Frau saß und bitterlich weinte.

BERNHARD VON CLAIRVAUX

WELCHE Bedeutung Bernhard von Clairvaux für die ganze christliche Welt hatte, versteht man am besten, wenn man hört, dass das Jahrhundert, in dem er lebte, nach ihm das „Bernhardinische Zeitalter" genannt wird.

Bernhard kam im Jahr 1090 auf dem elterlichen Schloss Fontaines in Frankreich zur Welt. Nach dem frühen Tod seiner geliebten Mutter beschloss der 16jährige Bernhard, sein Leben radikal zu ändern. Er wollte weg vom Reichtum und nur noch Gott dienen. Das gerade neu gegründete Kloster Citeaux des jungen, strengen Zisterzienserordens schien ihm dafür der richtige Platz. Der Abt erkannte bald, was für eine besondere Nähe der Mönch Bernhard zu Gott hatte und wie wunderbar er darüber anderen

erzählen konnte. Bald hieß er deshalb „der honigfließende Lehrer". Der Ruf von Bernhards außergewöhnlichen Predigten drang ins Land hinaus, immer mehr Menschen strömten herbei. Viele Männer blieben gleich da und traten dem Orden bei. Bernhard erhielt den Auftrag, in einer nahegelegenen Wildnis ein neues Kloster zu errichten. Nach den Zwölf Aposteln nahm er sich dafür zwölf Mönche mit. Sie rodeten mit ihren Händen den Wald, zimmerten und bauten, schliefen kaum und aßen nur in Salz gekochte Buchenblätter. Ihr neues Kloster nannten sie stolz „lichtes Tal", auf Französisch Clairvaux. Die Bewunderung für den klugen Bernhard und seine Leistungen wuchs noch mehr. Die größten Persönlichkeiten seiner Zeit suchten jetzt seine Freundschaft, Bischöfe und sogar Päpste baten ihn um seinen Rat. Man nannte Bernhard „den ungekrönten Herrscher Europas".

Mit seinen flammenden Predigten und seinem Ruf „Gott will es!" gelang es Bernhard sogar, im Auftrag des Papstes Herrscher und Völker ganz Europas dafür zu gewinnen, zu Tausenden in einem Kreuzzug nach Jerusalem aufzubrechen. Die heilige Stadt sollte davor gerettet werden, von den Sarazenen erobert zu werden. Aber der Kreuzzug scheiterte, und Bernhard war tief enttäuscht. Traurig zog er sich in seine Zelle in Clairvaux zurück. Am 20. August 1153 starb Bernhard im Kreis seiner Mönche.

 Kennst du jemanden, von dem alle so begeistert sind, dass sie alles für seine Ideen tun würden?

Bernhardin · Bernd · Bernt · Barnd · Bero
Berno · Benno · Berend · Bernet · Bernardin
Bernard · Bernardino · Bernardo · Benso
Barney · Berney · Bernie · Bernát

BARTHOLOMÄUS

MANCHMAL sagt ein Erwachsener, dass er einem anderen mal zeigen wird, wo der Barthel den Most holt. Er meint damit, dass er genau weiß, wie eine Sache läuft, der andere aber nicht. Nur wenige wissen, dass der Spruch seinen Ursprung beim Apostel Bartholomäus hat, besser gesagt bei seinem Festtag, dem 24. August. Wer früher nämlich an diesem Tag bereits einen Obstmost im Keller hatte, der galt als besonders schlau. Und so schlau fühlt sich eben auch der, der weiß, wo der Barthel den Most holt …

Bartholomäus kam auf etwas ungewöhnliche Weise in den Kreis der Zwölf Apostel. Eines Tages traf ihn sein Freund Philippus, der spätere Apostel, und rief ihm zu: „Wir haben den Messias gefunden. Es ist Jesus, der Sohn von Josef aus Nazaret. Komm mit." Bartholomäus, der von seinen Eltern Nathanael genannt wurde, antwortete ziemlich frech: „Kann denn aus Nazaret etwas Gutes kommen?", dann ging er aber doch mit. Als Jesus ihn erblickte, sagte er: „An ihm ist kein Makel." Von diesem Tag an blieb Nathanael treu an seiner Seite. Er wurde nun Bartholomäus genannt, was „der Furchenzieher" bedeutet. Das passte gut auf die Apostel, denn in den Furchen, die sie zogen, konnten später die Samenkörner des Christentums aufgehen. Im Kreis der Zwölf war Bartholomäus der fröhliche Apostel, der oft die hitzigen Streitereien der anderen gütig schlichtete.

Nach dem Kreuzestod von Jesus unternahm Bartholomäus mehrere beschwerliche Missionsreisen. Er zog Tausende von Kilometern zu Fuß und auf dem Esel nach Indien, Ägypten und Kleinasien und berichtete überall von Jesus Christus. Die Bartholomäus-Legende berichtet,

dass er auf einer dieser Reisen von den Soldaten des Königs Astyages gefangen genommen wurde, denn der Herrscher wollte, dass nur seine Götter verehrt wurden und nicht dieser Jesus aus Nazaret. Der König ließ den Apostel in den Kerker werfen und ihm bei lebendigem Leib die Haut abziehen. Dann wurde er getötet.

 Wirst du auch von manchen Freunden anders genannt als von deinen Eltern?

Bartolomäus · Barthel · Bartel · Bartho · Barto Mewes · Mebus · Mebs · Mils · Bartolomeo Bartolo · Bartholomé · Barthélemy Bartholomew · Bartos · Bartosch · Bartolv

LUDWIG

VOM FRANZÖSISCHEN König Ludwig IX. sagt man, dass er ein Vorbild für alle Herrscher gewesen ist. Er war stark und bescheiden zugleich, er war seinem Volk Herr und Diener in einer Person, er war ein großer Staatsmann und gleichzeitig ein liebevoller Familienvater. Die Menschen verehrten ihn so sehr, dass sie ihm den Namen „Ludwig der Heilige" gaben.

Schon mit elf Jahren, 1225, war Ludwig nach dem Tod seines Vaters zum König gekrönt worden.

Mit der tatkräftigen Hilfe seiner klugen Mutter Blanca gelang es dem jungen Herrscher, die ersten schwierigen Jahre seiner Regentschaft zu überstehen. Dann hatte das Volk erkannt, dass es sich keinen besseren König wünschen konnte. Als Ludwig 16 Jahre alt war, heiratete er die junge Margareta.

Ludwig glaubte fest daran, dass Gott selbst ihm die Königswürde auferlegt hatte. Während andere Herrscher sich mit Kronen, Juwelen und Pelzen schmückten, lebte Ludwig daher demütig und bescheiden. Mit Margareta und den elf gemeinsamen Kindern besuchte er jeden Tag den Gottesdienst, mittags speiste er am Schlosstor die Armen, er ging in die Spitäler, um die Kranken zu trösten, und ließ aus eigenem Vermögen Schulen und Universitäten bauen, damit alle etwas lernen konnten.

Als Ludwig erfuhr, dass die Jesus-Stadt Jerusalem von den feindlichen Sarazenen erobert worden war, rief er viele Männer zusammen, um nach Jerusalem zu ziehen und die Stadt zu befreien. Einen solchen Zug nannte man Kreuzzug. Doch der Plan misslang, nach sechs Jahren kehrte der enttäuschte Ludwig nach Frankreich zurück. Aber er gab nicht auf und rief einen zweiten Kreuzzug zusammen. Aber auf dem Weg ins Heilige Land starb Ludwig in Nordafrika. Er hatte sich mit einer schlimmen Seuche angesteckt, die auf seinem Schiff ausgebrochen war. Ganz Frankreich weinte, als die Todesnachricht bekannt gegeben wurde.

 In manchen Ländern gibt es noch heute einen König oder eine Königin. Kennst du welche?

Ludewig · Lodewig · Ladewig · Lodewik · Klodewig · Chlodwig · Ludovicus · Lovis · Lowik · Lotz · Lutz · Lüder Wiggerl · Lewis · Louis · Ludovic · Lois · Luigi · Gigio · Gino · Vico · Ludovico · Lodovico · Luis · Lajos · Ludvik

AUGUSTINUS

GOTT liebt auch die Menschen, die Fehler machen. Seine Liebe ist so groß, dass er gütig warten kann, bis sie sich ihm zuwenden. So wie Augustinus.

Augustinus kam im Jahr 354 in Nordafrika zur Welt. Seine Mutter war die Christin Monika. Er war noch ein Kind, als die Eltern bemerkten, dass er sehr klug war. So kam es, dass Augustinus schon als Junge auf die Universität gehen durfte, bald war er ein bekannter Lehrer. Als Monika ihren Sohn einmal besuchte, traute sie ihren Augen nicht: Der 16jährige Augustinus lebte mit einer Freundin namens Melania zusammen, und die hatte ihm gerade einen Sohn geboren, Adeodatus. Auch sonst führte Augustinus ein ziemlich lockeres Leben. Monika machte ihrem Sohn große Vorwürfe. Obwohl Augustinus seine Mutter sehr lieb hatte, wurde ihm das eines Tages zu viel, und er zog mit Melania und Adeodatus nach Italien. Monika aber gab nicht auf und reiste ihm nach. Beschwörend redete sie auf ihn ein, endlich zu Jesus Christus zu finden. Augustinus war gerührt über diese Mutterliebe, aber er wollte sein Leben nicht ändern.

Die Wende kam, als Augustinus in einem Brief von Paulus folgende Worte las: „Nicht in Ausschweifungen, nicht in Zank und Streit sucht euer Heil. Zieht vielmehr an den Herrn Jesus Christus." Augustinus war erst ratlos, dann aber war ihm alles klar. Er trennte sich von Melania und bat seinen bewunderten Lehrer Ambrosius von Mailand um die Taufe für sich und Adeodatus. Er wollte nun mit Monika und seinem Sohn nach Nordafrika zurück.

In der Heimat machte man den bewunderten Augustinus zum Bischof des Bistums Hippo. 40 Jahre lang war er nun ein gütiger und liebevoller Seelsorger, seine ganze Hingabe gehörte den ihm anvertrauten Menschen. Die vielen Bücher, die er in dieser Zeit schrieb, gehören bis heute zu den wichtigsten Schriften unserer Kirche. Aus der klösterlichen Priestergemeinschaft, die er gründete, entstand später der Augustinerorden. Augustinus starb am 28. August 430 in Hippo.

 Hast du schon einmal den Entschluss gefasst, dass du bestimmte Dinge ab jetzt anders machen willst?

Augustus · August · Augst · Aust · Augustin · Gust · Gustel · Gustl · Stinnes · Austin · Austen · Augusto
Agosto · Agostino · Agost · Agoston

MARIA

DER 8. SEPTEMBER ist der Geburtstag von Maria, der Mutter von Jesus. Ein wenig ist Maria sicher auch die Mutter von uns allen. Fast jeder von uns hat sie schon einmal angerufen und sie um etwas gebeten, manchmal sogar angefleht. Wir vertrauen Maria, dass sie bei Gott für uns vermitteln kann: die kranke Freundin mit dem gebrochenen Bein wieder gesund zu machen, den verlorenen Geldbeutel wieder zu finden oder die Eltern zu überreden, zum Geburtstag das ersehnte Fahrrad zu schenken. Keine andere Frau wird auf der Welt so sehr verehrt wie Maria, sie ist die Heilige aller Heiligen. Viele Feste im Jahr sind Maria gewidmet.

Marias Eltern waren Anna und Joachim. Die beiden hatten sich sehr lieb und waren lange Zeit sehr unglücklich, weil sie auch 20 Jahre nach ihrer Hochzeit noch immer kein Kind hatten. Als sie die Hoffnung schon aufgegeben hatten, erschien ihnen eines Tages ein Engel und kündigte ihnen die Geburt eines Kindes an. Und tatsächlich: Anna wurde schwanger, und neun Monate später kam Tochter Maria zur Welt.

Als Maria zu einem schönen Mädchen herangewachsen war, verlobte sie sich mit dem Zimmermann Josef, einem jungen Mann aus Nazaret. Bald sollte die Hochzeit sein, alle Vorbereitungen waren in vollem Gang. Dann aber passierte etwas Seltsames, ja zunächst sogar Schockierendes: Während eines Gebets erschien Maria der Erzengel Gabriel und sagte ihr, dass sie bald einen Sohn zur Welt bringen werde, dem sie den Namen Jesus geben solle. Die junge Maria verstand zuerst nicht, was diese Nachricht bedeuten sollte: Sie sollte die Mutter des in Israel sehnsüchtig erwarteten Messias werden, des Erlösers, auf den alle so sehr hofften? Maria hatte keine Ahnung, wie von nun an ihr Leben verlaufen würde und was vor allem ihr Bräutigam Josef zu all dem sagen würde. Aber sie vertraute auf Gott, dass alles gut werden würde.

Josef war entsetzt. Maria schwanger, wie war das möglich, fragte er sich, sie waren doch noch gar nicht verheiratet und lebten auch nicht zusammen. Liebte sie vielleicht noch einen anderen Mann? Er war verzweifelt und beschloss, sich von Maria zu trennen. Doch da erschien auch ihm ein Engel und sagte zu ihm: „Fürchte dich nicht, Josef, Maria als deine Frau zu nehmen. Das Kind, das sie erwartet, ist von Gott." Josef vertraute, und so blieben Maria und Josef beieinander. Was einige Zeit danach geschah, wissen wir alle: Maria reiste mit Josef nach Betlehem. Sie fanden keine Unterkunft und mussten in einem Stall übernachten. Und dort brachte Maria, umgeben von Hirten und Schafen, Jesus zur Welt. Das feiern alle Christen an Weihnachten.

Später lebten Maria, Josef und der kleine Jesus als glückliche Familie in Nazaret. Nachdem Josef gestorben war, sorgte Maria allein für Jesus und blieb auch in seiner Nähe, als er erwachsen

 Weißt du, wie deine Eltern sich kennen gelernt haben?

Marie · Mariele · Mariechen · Mariane · Mariana · Marion · Marina · Ria · Marika · Marieke · Maren
Miriam · Mirjam · Maja · Maia · Mia · Maike · Meike · Mieke · Marei · Mie · Mary · Maire · Marilyn
Mami · Maureen · Mae · Mariella · Marika · Marinetta · Marietta · Marita · Marisa · Maris · Marihuela
Manon · Marijke · Maryse · Marka · Maruschka · Maruska · Mascha · Marija · Marya

geworden war. Sie erlebte, wie Jesus durch das Land zog und seine Botschaft von Gott erzählte. Und sie war auch ganz nah bei ihrem Sohn, als er starb. Wir alle kennen das Bild, wie Maria weinend unter dem Kreuz steht, an dem der tote Körper von Jesus hängt.

Nach dem Kreuzestod von Jesus und seiner Auferstehung kümmerte sich der Apostel Johannes um Maria. Eine schöne Legende erzählt von Marias Tod und ihrer Himmelfahrt: Ein Engel erschien, er hatte einen leuchtenden Palmzweig in der Hand und kündigte Maria ihren nahen Tod an. Maria bat den Engel darum, dass die Zwölf Apostel in ihrer Sterbestunde bei ihr sein dürften. Die aber waren ja inzwischen in alle Welt verstreut. Wie also sollte das zu schaffen sein, dass alle zwölf an Marias Sterbebett kommen konnten? Doch der Engel machte es möglich: Die Apostel wurden von leuchtenden Wolken herbeigetragen. Und auch Jesus Christus war plötzlich da. Als Maria ihre Augen für immer geschlossen hatte, trug Jesus sie in den Himmel empor.

ROBERT BELLARMIN

DER NAME Robert bedeutet „der von Ruhm Glänzende". Es scheint, als hätten die Eltern Bellarmin eine Ahnung gehabt, als sie ihren Sohn auf diesen Namen tauften, denn aus ihm wurde später tatsächlich ein durch Wissen glänzender Mann.

Mit 17 Jahren, 1559, begann Robert an der Universität mit seinem Studium, und bald darauf wurde er zum Priester geweiht. Durch das Studieren wollte er ein Gelehrter werden und danach dann sein Wissen Gott und der Kirche schenken.

Robert Bellarmin machte schnell große Karriere, bald war er in ganz Europa berühmt. Auch der Papst hörte von seinem Ruhm und holte ihn nach Rom, weil er eine wichtige Aufgabe für ihn hatte: Robert sollte den Menschen deutlich erklären, was der Unterschied war zwischen der katholischen Kirche, also der Kirche des Papstes, und einer neuen Bewegung, die durch den Mönch Martin Luther gegründet worden war und aus der sich die evangelische Kirche entwickelte. Beide Gruppen bekämpften sich, obwohl alle Christen waren. Der Papst wollte natürlich, dass alle Katholiken katholisch blieben. Von Robert wusste er, dass er auch so dachte. Die leidenschaftlichen Verteidigungsreden für die katholischer Kirche, die Robert von nun an verfasste, wurden in ganz Europa mit Spannung gehört und gelesen.

Robert wurde immer berühmter, aber er arbeitete so viel, dass er auch immer kränker wurde. Schließlich hatte er so schlimme Kopfschmerzen, dass er seine Auftritte beenden musste. In großer Dankbarkeit ernannte der Papst ihn zum Kardinal und verkündete: „Wir erwählen ihn zum Kardinal, weil an Gelehrsamkeit ihm niemand gleich ist in der Kirche Gottes."

Von nun an widmete sich Robert Bellarmin vor allem dem Schreiben von Büchern. Sein berühmtestes Werk wurde der Bellarmin-Katechismus, ein wichtiger Leitfaden des kirchlichen Wissens jener Zeit. Er wurde in 60 Sprachen übersetzt. Nach einem erfüllten Leben starb der große Gelehrte 1621, fast 80 Jahre alt.

 Wusstest du, dass es verschiedene christliche Kirchen gibt – katholisch, evangelisch …?

Robertus · Rob · Robby · Robin · Rollo · Rodebert · Rodebrecht · Robrecht · Rupert · Rupertus · Bert Bertes · Robel · Robelin · Robi · Röbi · Röbbe · Bob · Hob · Dob · Dobbin · Hodge · Roberto

HILDEGARD

ILDEGARD von Bingen gilt in Deutschland als eine der weisesten Frauen. Ihre Lehren werden noch heute, über 800 Jahre nach ihrem Tod, viel beachtet. Eigentlich lebte Hildegard als Nonne in einem Kloster, aber sie war auch Ärztin, Naturwissenschaftlerin und sogar Politikerin. Das war zu Hildegards Lebenszeit für eine Frau ganz außergewöhnlich.

Hildegard kam um das Jahr 1098 im Rheingau zur Welt und wurde von ihren Eltern schon mit acht Jahren zur Erziehung in ein Kloster gegeben. Früh zeigte sich nämlich, dass Hildegard ein ganz besonderes Kind war: Sie konnte mit Gott sprechen, und Gott sprach mit ihr. Niemand konnte das mithören, nur Hildegard selbst vernahm die Stimme. Man nennt so einen Menschen eine Mystikerin oder einen Mystiker. Alle Dinge, die Gott zu ihr sprach, berichtete Hildegard einer Freundin, die dann alles aufschrieb. Bis zum heutigen Tag lesen die Menschen auf der ganzen Welt diese Hildegard-Bücher.

Als die erwachsene Hildegard Äbtissin, also Leiterin eines Klosters war, äußerte sie sich mutig zu allen wichtigen politischen und gesellschaftlichen Themen. Damals benahmen sich viele Herrscher, aber auch Bischöfe schlecht. Sie waren ungerecht zu ihren Untergebenen und dachten nur an ihr eigenes Wohl und ihren Reichtum. Hildegard war zornig darüber und klagte diese Menschen lautstark an.

Besonders viel wusste Hildegard über die Naturmedizin und die gesunde Ernährung. Sie hatte sich im Kloster einen großen Kräutergarten angelegt, den sie selbst pflegte. Bis heute werden Hildegards Kochrezepte und Heilmethoden und ihre Pflanzen-Arzneien, die ganz aus Naturzutaten sind, auf der ganzen Welt genutzt. Man nennt das „Hildegard-Medizin". Hildegard von Bingen starb am 17. September 1179.

Weißt du, was Naturmedizin bedeutet?

Hilde · Hilda · Hilla · Hilke · Hidda · Hildegarda

STANISLAUS KOSTKA

EIN MALER aus Italien – er hieß Delfine Scipione – hat ein Bild gemalt, auf dem man einen Jungen mit großen dunklen Augen sieht. Obwohl er noch sehr jung ist, sagt sein ernster Blick, dass er schon viel erlebt hat, vor allem viel Trauriges. Der Junge ist der heilige Stanislaus Kostka, der Patron von Polen. Das Bild wurde wenige Wochen vor seinem Tod gemalt, da war er 17 Jahre alt.

Stanislaus kam im Jahr 1550 in dem polnischen Ort Rostkow zu Welt. Die Familie Kostka gehörte zum hohen Adel. Als Stanislaus 13 Jahre alt war, schickte ihn der Vater auf die berühmte Jesuitenschule in Wien. Auch Paul, der ältere Bruder, kam mit. Beide Buben sollten auf ihr Leben als Adlige vorbereitet werden. In der Schule war Stanislaus schon bald sehr beliebt. Seine Lehrer freuten sich darüber, wie höflich er immer war, und seinen Mitschülern war er ein guter Kamerad. Stanislaus betete viel, denn Gott jeden Tag ganz nah zu sein, war für ihn wichtig. Immer wieder erlebte er dabei, dass er in sich drinnen plötzlich die Stimme von Jesus hörte, der mit ihm sprach. Niemand anderer konnte das hören, und das machte Stanislaus sehr stolz.

Paul, der Bruder, hänselte Stanislaus die ganze Zeit. Er zog lieber nachts in der Stadt herum und amüsierte sich, anstatt zu lernen oder gar zu beten. Paul ärgerte sich auch darüber, dass Stanislaus überall so beliebt war und er nicht, und bald passierte es, dass er ihm vor lauter Wut darüber sogar Fußtritte versetzte. Tapfer ertrug Stanislaus das alles, innerlich aber war er völlig verzweifelt. Eines

Tages brach er zusammen und wurde sehr krank. Nach vielen Monaten, in denen er zwischen Leben und Tod schwebte und nur langsam wieder gesundete, sagte Stanislaus zu Paul: „Mit deinen Quälereien hast du erreicht, dass ich die Familie verlassen werde und nie mehr zurückkehre. Es ist nun deine Aufgabe, Vater und Mutter zu erklären, warum ich das tue." Noch am selben Tag bat er darum, in den Orden aufgenommen zu werden. Doch die Ordensoberen wiesen ihn ab, denn sie hatten Angst vor dem Zorn von Stanislaus' Vater.

Stanislaus verkleidete sich daraufhin wie ein Straßenjunge in zerrissene Kleider und verließ, seine Kappe tief ins Gesicht gezogen, damit ihn niemand erkannte, heimlich die Stadt. Nach einem wochenlangen Fußmarsch erreichte er endlich ein Jesuitenkloster in Bayern und bat dort darum, aufgenommen zu werden. Der Obere – es war Petrus Canisius, ein berühmter Jesuit – empfing Stanislaus freundlich. Und er machte ihm Mut: „Halte durch, mein Junge!" Dann schickte Petrus Canisius Stanislaus los nach Rom, wo die Jesuiten ihr Hauptkloster hatten.

Nach Monaten kam der total erschöpfte Stanislaus in Rom an. Dass er jeden Tag in sich die aufmunternde Stimme von Jesus hörte, hatte ihm die Kraft gegeben, durchzuhalten. Genau an seinem 17. Geburtstag wurde er in Rom feierlich in den Jesuitenorden aufgenommen. Was für ein Tag für ihn! Er hatte es geschafft. Er war nun ein Novize. So nennt man einen Ordensmann in der Vorbereitungszeit, der sich noch prüfen muss, bis er endgültig seine Gelübde ablegt. Überall im Orden erzählte man sich bald von dem Novizen Stanislaus, der mit seinem Lächeln die Herzen eroberte. Sogar ältere Mitbrüder nahmen sich ein Beispiel daran, wie sehr sich der junge Stanislaus darum bemühte, immer alles richtig zu machen und Gott Freude zu bereiten. Vor allem aber bewunderten alle die Tapferkeit, die der Junge gezeigt hatte, um sein Lebensziel zu erreichen, nämlich ein Ordensmann zu werden.

Doch was für ein Unglück! Nach nicht einmal einem Jahr im Orden fühlte Stanislaus Kostka wieder die Krankheit in seinem Körper. Dieses Mal spürte er, dass der Tod nah war. Es war wenige Tage vor dem Fest Mariä Himmelfahrt, als Stanislaus wieder einen schlimmen Schwächeanfall hatte. Da setzte er sich in seiner Klosterzelle hin und schrieb einen Brief an die Gottesmutter Maria. Sie möge ihn doch bitte schnell zu sich holen, damit er mit ihr zusammen ihren Festtag feiern könne. Und tatsächlich starb Stanislaus Kostka Tage später am Morgen des Marienfeiertages, am 15. August 1568. Die Menschen, die an seinem Sterbebett standen, erzählten danach, dass das Gesicht von Stanislaus in der Todesstunde strahlend hell geleuchtet hat.

 Warum betest du?

Stanislaw · Stanislav · Stanislas · Stanislao
Stan · Stano · Stani · Stanes · Stanel · Stas
Stasch · Stanko · Stenzel

MATTHÄUS

MATTHÄUS war einer der Zwölf Apostel von Jesus. Richtig berühmt aber wurde er eigentlich durch sein Evangelium, das er 40 bis 50 Jahre nach Jesu Tod geschrieben hat und das ihm den Namen Matthäus Evangelista gab. Sein Evangelistensymbol ist der Engel oder ein Mensch.

Dass der Zöllner Levi, wie Matthäus ursprünglich hieß, von Jesus in den Kreis der Zwölf Apostel berufen wurde, war für ihn ein richtiger Glücksfall. Er war nämlich bei seinen Mitmenschen völlig unbeliebt, ja sogar verhasst, weil er ihnen als Zöllner ständig Geld für die Staatskasse abpressen musste. Im ersten Moment wunderte sich Levi zwar, dass Jesus gerade ihn, den niemand mochte, mit den Worten „Folge mir!" in seinen Apostelkreis holte. Dann aber ergriff er schnell seine große Chance, ließ alles hinter sich

und schloss sich voller Vertrauen seinem neuen Herrn an. Bis an sein Lebensende vergaß er es Jesus nie, dass dieser sich über alles Gerede der Leute hinweggesetzt und ihn an seine Seite geholt hatte. Nie mehr wollte Levi etwas mit Geld zu tun haben, und damit er nicht mehr an sein altes Leben erinnert wurde, gab ihm Jesus einen neuen Namen: Er nannte ihn Matthäus, was „der Getreue" oder „Geschenk Gottes" bedeutet.

Nach der Auferstehung Jesu zogen die Zwölf Apostel hinaus in die Welt, um das Wort des Gottessohnes zu verkünden. Alle konnten wie durch ein Wunder viele Sprachen sprechen. Matthäus ging nach Osten, nach Mesopotamien, und verkündete den Menschen die frohe Botschaft von Gott, die er von Jesus hatte. Nach langer und erfolgreicher Arbeit wurde er dort, so heißt es, viele Jahre später von Glaubensfeinden getötet.

Eine Legende erzählt noch, dass Matthäus in Äthiopien die jung verstorbene Königstochter Ephigenia wieder zum Leben erweckt hat. Der König war darüber so glücklich, dass er zusammen mit seinem ganzen Hofstaat von Matthäus die Taufe empfing und fortan alle als Christen lebten.

 Kennst du Kinder, die miteinander befreundet sind, obwohl sie aus ganz unterschiedlichen Familien kommen?

Mattäus · Mattheis · Tewes · Matteo
Matous · Mateusz · Matwei

JONAS

JONAS lebte etwa 750 Jahre vor Jesus in Israel. Er war ein Prophet, das heißt, er hatte die Fähigkeit, dem König das Schicksal des Volkes vorherzusagen. Eines Tages aber erhielt Jonas einen ganz anderen Auftrag. Gott forderte ihn auf, in die Stadt Ninive zu reisen. Dort sollte er den Leuten verkünden, dass ihre Stadt in 40 Tagen untergehen werde, weil es in der Stadt nur schlechte und gemeine Menschen gab. Jonas fühlte sich gar nicht wohl, und er wollte die Botschaft auf keinen Fall ausrichten.

Heimlich schlich sich Jonas auf ein Schiff, das im Hafen lag und Stunden später in See stach mit einem Ziel weit weg von Ninive. Aber schon bald brach ein furchtbarer Orkan los, der drohte, das Schiff umzuwerfen. Die Schiffsbesatzung hatte Jonas inzwischen in seinem Versteck entdeckt und machte ihn für den Sturm verantwortlich. Um ihn schnellstmöglich loszuwerden, warfen ihn die Matrosen ins offene Meer. Genau in diesem Moment schwamm ein riesiger Fisch vorbei. Der machte sein Maul auf und verschluckte Jonas. Nun saß er da im Bauch des Fisches. Doch jammerte er nicht über seine schlimme Lage, sondern dankte Gott sogar für die Errettung. Nach drei Tagen und drei Nächten spuckte der Fisch Jonas wieder an Land aus. Der reiste nun auf dem schnellsten Weg nach Ninive. Dort verkündete er Gottes Vorhersage, dass die Stadt bald untergehe. Aber es kam alles anders als erwartet. Die Niniviten bekamen Angst. Sofort begannen sie, aus Reue über ihr schlechtes Leben zu fasten, zu trauern und ihr ganzes Leben zu bessern. Da verschonte Gott mit einem Mal die Stadt.

Doch Jonas wurde wütend auf Gott. Wie stand er nun vor den Niniviten da, als Prophet, der nicht die Wahrheit voraussagt! Da fragte ihn Gott: „Warum bist du jetzt zornig? Glaubtest du etwa, es täte mir nicht Leid, 120000 verwirrte Menschen zu verlieren, Männer, Frauen und Kinder?" Und da erst verstand Jonas, was er für eine wichtige Aufgabe gehabt hatte.

 Hast du schon einmal etwas nicht gemacht, das man dir aufgetragen hat?

Jona · Jonah · Jon · Giona

KOSMAS UND DAMIAN

IN ROM ist dem heiligen Brüderpaar Kosmas und Damian eine wunderschöne Kirche geweiht, in der sich im Lauf der Jahrhunderte nach dem Tod der beiden viele Wunder ereignet haben. Kranke wurden wieder gesund, Lahme konnten wieder gehen, Blinde wieder sehen. Bis zum heutigen Tag beten Menschen in den Kirchenbänken der Kosmas und Damian-Kirche um Hilfe bei ihren körperlichen Leiden.

Die Brüder stammten aus Arabien und waren wahrscheinlich Zwillinge. Beide hatten den Beruf des Arztes gewählt, und beide sahen ihre schönste Aufgabe darin, kranken Menschen kostenlos zu helfen und sie wieder gesund zu machen. Kosmas und Damian waren beide getauft, was in jener Zeit – man schrieb die Jahre um 300 – wegen der schlimmen Christenverfolgungen durch die römischen Herrscher sehr gefährlich war. Oft begaben sich die Brüder in Lebensgefahr, weil sie ihre Patienten nicht nur medizinisch behandelten, sondern ihnen auch von Jesus Christus erzählten und sie aufforderten, sich ebenfalls taufen zu lassen.

Einer der Geheilten aber wurde zum Verräter. Er erzählte dem römischen Statthalter von den Bekehrungsversuchen der beiden Brüder, weil er sich dadurch eine Anstellung versprach. Der Statthalter ließ das Brüderpaar sofort gefangen nehmen und bedrohte es mit dem Tod. Doch Kosmas und Damian rückten keinen Millimeter von ihrem Glauben ab, lieber wollten sie sterben, als ihren Jesus verleugnen. Und so wurden beide von den Soldaten des Statthalters getötet. An ihrem Grab weinten viele Menschen, die von Kosmas und Damian nicht nur gesund gemacht, sondern auch zu Jesus geführt worden waren.

Die Verehrung für Kosmas und Damian verbreitete sich nach ihrem Tod rasch in viele Länder. Überall gab es bald Prozessionen zu Ehren der beiden heiligen Brüder. Bis heute verehren die Ärzte, aber auch die Apotheker und die Drogisten Kosmas und Damian als Patrone.

 Was könnte dir so wichtig sein, dass du es um keinen Preis aufgeben würdest?

Cosmas · Cosmo · Cosimo
Cosme · Côme

Damianus · Damiano
Damien

VINZENZ VON PAUL

DER NAME Vinzenz von Paul hat eine ganz besondere Bedeutung, er steht für große Nächstenliebe und für ein großes Herz.

Vinzenz war der Sohn einer armen Bauernfamilie im Süden Frankreichs. Schon als Kind musste er im Stall und auf dem Feld mithelfen. Als Vinzenz nach der Schulzeit nur einen Wunsch hatte, nämlich Priester zu werden, verkaufte der Vater, der ihn sehr lieb hatte, ohne zu zögern zwei Ochsen, um mit dem Geld das Studium zu bezahlen.

Nach seiner Priesterweihe wollte Vinzenz Karriere machen. Er zog extra nach Paris, weil er sich dort einen schnelleren Aufstieg versprach. Aber die Lust, ein berühmter Kirchenmann zu werden, verging ihm schnell. Als er nämlich sah, wie groß Not und Elend von Tausenden von Menschen in der Stadt waren, war er tief erschüttert. Dagegen wollte Vinzenz etwas tun. Als erstes suchte er sich Mitarbeiter, dann richtete er sein erstes Hilfswerk ein. Sträflinge und Gefangene, die unter erbärmlichen Verhältnissen lebten, erhielten Hilfe und Trost. Dann nahm er sich der Bettler und Obdachlosen an und sorgte dafür, dass sie jeden Tag ein kostenloses Essen bekamen. Außerdem richtete er einen Vermittlungsdienst für die vielen Waisenbabys ein, die es damals gab. Von ihren Müttern, die nicht einmal für Windeln und Milch Geld hatten, wurden sie einfach nachts auf der Straße ausgesetzt. Diese Aufgabe übertrug Vinzenz dem von ihm gegründeten Frauenorden der Barmherzigen Schwestern, die nach ihm auch Vinzentinerinnen genannt werden.

Vinzenz selbst kümmerte sich vor allem um die geistig und körperlich Behinderten, die von den meisten Menschen in der Stadt am liebsten gar nicht wahrgenommen worden wären. Für sie gab er sein gesamtes Vermögen aus. Die leuchtenden Augen dieser Ärmsten der Armen, so erzählte er oft, waren für ihn der schönste Dank. Vinzenz von Paul starb 1660 im Alter von fast 80 Jahren. Er ist unvergessen, sein großes Werk lebt in den Barmherzigen Schwestern weiter.

 Kennst du jemanden, der einen kranken Menschen versorgt oder pflegt?

Vinzent · Vincenz · Vincentius · Vinz
Vincent · Vicenzio · Vincenzo · Vicente · Vincenty

WENZEL

NACH DEM heiligen Wenzel ist einer der berühmtesten Plätze in Europa benannt: der Prager Wenzelsplatz. Prag ist die Hauptstadt von Tschechien, das Land hieß früher Böhmen. Wenzel ist seit über 1000 Jahren der Nationalheilige.

Wenzel wurde um das Jahr 907 als Sohn des Herzogs von Böhmen geboren. Er kam früh zu seiner Großmutter Ludmilla, die ebenso wie Wenzels Vater Vratislav Christin war. Das Christentum war damals in Böhmen noch nicht sehr verbreitet. Ludmilla erzog auch ihren Enkel Wenzel im christlichen Glauben. Wenzels Mutter Drahomira war darüber sehr zornig. Sie war nicht gläubig und wollte auch nicht, dass die Christen in Böhmen den alten heidnischen Glauben, der auch ihr Glaube war, verdrängten. Doch gegen ihren Mann und ihre Schwiegermutter konnte Drahomira zunächst nichts ausrichten. In ihrem Inneren aber wartete sie darauf, sich zu rächen.

Als Wenzel etwa 14 Jahre alt war, starb sein Vater. Er war sein rechtmäßiger Nachfolger, aber da er noch nicht volljährig war, übernahm Drahomira die Herrschaft. Sofort begann sie damit, die Priester, die sich mit Zustimmung ihres verstorbenen Mannes gerade im Land niedergelassen hatten, wieder zu vertreiben, neu erbaute Kirchen ließ sie zerstören, und Staatsangestellte, die sich taufen ließen, wurden entlassen. Und es kam noch schlimmer: Als Drahomira wegen ihrer Politik in Streit mit ihrer Schwiegermutter Ludmilla geriet, ließ sie diese einfach ermorden. Da aber hatte das böhmische Volk endgültig genug von der Herzogin. Wütend erhob es sich, vertrieb Drahomira und ernannte Wenzel zum Herzog. Der holte sofort die vertriebenen Priester wieder zurück und ließ alle Kirchen neu aufbauen. Mit Geduld und Güte und durch sein eigenes vorbildliches Leben als Christ führte Wenzel in den nächsten Jahren Tausende seiner Untertanen zu Gott und zur Taufe. Die Menschen liebten und verehrten ihn, für sie war Wenzel schon als er noch lebte ein Heiliger.

Eines Tages entschied sich Wenzel, die Macht bald an seinen Bruder Boleslav abzugeben und sich ins Kloster zurückzuziehen. Was Wenzel nicht wusste: Boleslav, der wie Mutter Drahomira gegen die Christen war, hatte sich heimlich mit Glaubensgegnern zusammengeschlossen und ein Komplott gegen den Bruder geschmiedet. Ziel war es, Wenzel loszuwerden. Als Wenzel eines Tages auf der Burg von Boleslav zu Gast war und nichtsahnend durch die Räume ging, lauerte ihm sein Bruder auf und tötete ihn. Der Todestag war der 28. September 929. Das Entsetzen über diesen feigen Mord war groß, das Volk weinte bitterlich um seinen verehrten Herzog. Auch Boleslav bereute seine furchtbare Tat bald, aber es war zu spät. Am Grab von Wenzel ereigneten sich so viele Wunder, dass man den Leichnam in den St.-Veits-Dom übertrug, den Wenzel einst gegründet hatte. Dort ruht er bis heute in der Wenzel-Kapelle. Wenzel wurde im Jahr 1729 als erster Tscheche heilig gesprochen.

Hast du schon einmal etwas getan, was du danach bereut hast?

Wenzeslaus · Wazlaw · Vaclav · Vaceslav · Venceslav · Venceslao · Wjatscheslaw · Ceslav · Ceslaus

MICHAEL

SCHON immer glaubten die Menschen daran, dass Gott mit ihnen über Boten spricht und dass die Engel diese Boten sind. Die besonders wichtigen Engel nennt man seit Jahrhunderten Erzengel. Der bekannteste von ihnen ist Michael, der in der Bibel immer wieder in besonderen und entscheidenden Situationen erscheint. Vom Erzengel Michael heißt es, dass er unsere Gebete zu Gott bringt und uns daher besonders nahe steht.

Michael hat viele Beinamen, die zeigen, wie beliebt er bei den Menschen ist. Er wird der treue Begleiter der Seele genannt, der Tröster der traurigen Menschen, der Vermittler zwischen Gott und den Menschen, ja sogar Schutzpatron des ganzen Volkes Gottes nennt man ihn. Es heißt, dass er die Menschen nach dem Tod im Paradies empfange. Und weil er so kraftvoll und mächtig ist, sagt man über ihn auch, dass er ein unüberwindlich starker Held sei. Deshalb konnte er ja auch, wie uns die Bibel erzählt, den Teufel besiegen.

Viele Kirchen und Bergkapellen sind Michael gewidmet. In Frankreich gibt es einen berühmten Michael-Wallfahrtsort, es ist der Mont St-Michel an der Atlantikküste, und in Apulien in Italien gibt es den bekannten Michaelsort Monte Sant' Angelo.

Der Name Michael gehört bis heute zu den beliebtesten Jungenvornamen. Er kommt aus der hebräischen Sprache, also aus der Sprache des Volkes Israel, und bedeutet „Wer ist wie Gott?" Der Michaelstag ist bei den Bauern ein so genannter Wettertag, weshalb die Landwirte so manchen Spruch zum 29. September parat haben. Da heißt es zum Beispiel: „Je weißer um Michaeli die Wolken sich ballen, desto mehr Schnee wird im Winter fallen." Oder: „Um Michaelis in der Tat, gedeiht die beste Wintersaat."

 Was weißt du über Engel?

Micha · Michi · Michel · Michiel · Michaelis · Michal
Mickel · Mikael · Mike · Mick · Michele · Miguel
Michail · Mihály · Mischa · Minja · Geel

GABRIEL

GABRIEL ist der Bote unter den Erzengeln, sozusagen der Verkünder von Neuigkeiten. Sein Name bedeutet „Mann Gottes". Als der von Gott Geschickte erschien er auch dem Ehepaar Elisabet und Zacharias, das sich schon so lang vergeblich ein Kind wünschte und inzwischen schon älter geworden war. Er kündigte an, dass Elisabet bald einen Sohn bekommen würde. Die Eheleute konnten es zunächst gar nicht glauben. Aber tatsächlich wurde Elisabet neun Monate später Mutter, ihr Sohn war Johannes der Täufer.

Danach überbrachte Gabriel eine noch wichtigere Nachricht. Es war die Botschaft, auf die damals so viele Menschen warteten. Rafael erschien nämlich Maria, der Verlobten des Zimmermanns Josef, und sagte zu ihr: „Du wirst einen Sohn bekommen und du sollst ihm den Namen Jesus geben." Als Maria den Engel verständnislos anschaute, weil sie doch noch gar nicht verheiratet war, sprach Gabriel: „Bei Gott ist kein Ding unmöglich." Und tatsächlich wurde Maria die Mutter von Jesus, dem Messias.

Gabriel wird bis heute auf der ganzen Welt von Menschen, die anderen Personen etwas bringen, als Patron verehrt. So ist er der Schutzheilige aller Boten, also der Postboten und der Paketboten. Aber er ist genauso der Patron der Journalisten, denn auch diese Menschen bringen anderen etwas, nämlich die neusten Nachrichten im Fernsehen, in den Zeitungen und im Radio.

„Da hatte ich einen Schutzengel."
So sagen manche Leute, wenn ihnen beinahe etwas passiert wäre. Kennst du das?

Gabriello · Gabriele · Gabrio · Gábor · Gaboo · Gawril

RAFAEL

RAFAEL gilt als der Beschützer und der Heiler unter den drei Erzengeln Gabriel, Michael und Rafael. Deshalb wird er seit Jahrhunderten zum einen als Patron der Reisenden, zum anderen als Schutzheiliger der Kranken verehrt. Sein Name hat eine wunderschöne Bedeutung: Rafael heißt „Gott heilt". Und wenn wir jetzt die Geschichte des Erzengels hören, dann sehen wir, dass dies genau auf Rafael passt.

In der Stadt Ninive lebte einst ein frommer Mann mit Namen Tobit. Eines Tages erblindete er. Er bat seinen Sohn Tobias, bei einem Verwandten, der weit entfernt wohnte, Geld zu holen, weil er die besten Augenärzte aufsuchen wollte. Damit ihm auf der Reise nichts passierte, sollte er sich einen Begleiter mitnehmen. Tobias erwählte den kräftigen Azarias, und beide machten sich auf den Weg. Als Tobias unterwegs einmal in einem Fluss badete, griff ihn plötzlich ein großer Fisch an. Blitzschnell schwamm Azarias herbei und rettete ihn. Die beiden erlegten den Fisch, und heimlich hob Azarias die Fischgalle auf. Als sie nach wochenlanger beschwerlicher Reise nach Hause zurückkehrten, befahl Azarias Tobias, die erblindeten Augen seines Vaters sofort mit der Galle zu berühren. Tobias verstand zwar nicht, weshalb, tat aber, wie ihm befohlen. Und tatsächlich: Tobit konnte wieder sehen. Als Vater und Sohn den Azarias fassungslos anschauten, offenbarte dieser ihnen, dass er Rafael war. Bevor sich Tobit und Tobias aber bei ihm bedanken konnten, war Rafael verschwunden. Sie sahen ihn nie wieder.

Hast du auch schon einmal erlebt, dass jemand plötzlich wieder gesund wurde?

Raphael · Raffael · Raffaele · Raffaelo Raffaello · Rafail

THERESIA von LISIEUX

ICH HABE dem lieben Gott nie etwas anderes als Liebe gegeben." So erklärte Theresia von Lisieux, was für sie das Wichtigste im Leben war: mit allem, was man tut, Gott eine Freude zu machen.

Theresia war 1873 in Frankreich zur Welt gekommen. Als sie fünf Jahre alt war, starb ihre Mutter. Danach spielte sie kaum noch, half lieber ihren älteren Schwestern beim Kochen und Putzen, und oft betete sie. Als Theresia sich wieder einmal mit Gott unterhielt und ihm alles von ihrem Tag erzählte, spürte sie plötzlich eine tiefe Geborgenheit in sich drinnen. Mit einem Mal verstand sie etwas: Ihr Leben konnte heilig werden, wenn sie nur alle Dinge, die sie machte, so gut erledigte, wie es ihr möglich war. Vor Gott brauchte sie keine großen Taten zu vollbringen, er liebte sie auch, wenn sie bei allem immer ihr Bestes gab. Theresia war glücklich.

Bald reiste Theresia nach Rom. In einem persönlichen Treffen mit dem Papst – man nennt das eine Audienz – holte sie sich die Erlaubnis, Nonne zu werden, obwohl sie erst 14 Jahre alt war. Ihr neues Zuhause wurde nun das Kloster der Karmelitinnen in der Stadt Lisieux. Ihre Mitschwestern standen Theresia erst einmal ziemlich unfreundlich gegenüber. Das kam daher, weil sie am Anfang nicht verstanden, was Theresia eigentlich meinte, wenn sie immer wieder sagte: „Wir dürfen ruhig klein bleiben. Wir können alles vom lieben Gott er-

warten, so, wie ein kleines Kind alles von seinem Vater erwarten darf." Theresia nannte das den „kleinen Weg". Deshalb übrigens nennt man sie auch „kleine Theresia vom Kinde Jesu".

Theresia blieb aber nicht viel Zeit, ihre Mitschwestern von ihrem Weg zu überzeugen. Sie bekam eine schwere Lungenkrankheit und starb 1897 mit erst 24 Jahren. Schon 28 Jahre später wurde sie heilig gesprochen. Ihr Buch „Geschichte einer Seele" wurde in 35 Sprachen übersetzt, viele Millionen Menschen auf der ganzen Welt haben es bis heute gelesen.

 Erzählst du auch manchmal Gott deine Erlebnisse?

Therese · Theresa · Teresa · Theresina · Thea · Thesi · Thery · Tessa · Tess · Tracy · Thérèse
Terezie · Terka · Resi · Resa · Resia

FRANZ VON ASSISI

WIE EINE Sonne ging er in der Welt auf." Gibt es etwas Schöneres, das man über einen Menschen sagen kann als diese Worte des berühmten italienischen Dichters Dante über Franziskus von Assisi? So wie wir die wunderbare Wärme spüren, wenn wir uns in der Sonne aufhalten, so fühlten Menschen und Tiere damals, wie von Franz eine ganz besondere Ausstrahlung ausging. Manche sagten sogar, er sei der Nachfolger von Jesus Christus.

Franz kam im Jahr 1181/1182 in Assisi in Italien zur Welt. Sein Vater war der reiche Stoffhändler Pietro Bernardone, seine Mutter die freundliche Französin Giovanna Pica. Eigentlich wurde der Kleine ja Giovanni getauft, wegen der Abstammung seiner Mutter rief man ihn aber bald nur „das Französlein", also Francesco. Weil sein Vater genug Geld hatte, konnte sich Franz als junger Mann alles leisten und sein Leben richtig genießen. Seine lärmende Freundesclique war in Assisi nicht gerade jedermanns Geschmack. Als er 20 Jahre alt war, musste Franz in den Krieg ziehen. Er geriet für ein Jahr in Gefangenschaft und erkrankte auch noch sehr schwer. In dieser Zeit wurde für ihn alles anders. Sein bisheriges Leben in Saus und Braus erschien ihm plötzlich hohl und leer. Doch was sollte er tun? Wo war sein Weg?

Und dann passierte es: Franz hörte im Gottesdienst die Worte des Lukas-Evangeliums: „Nehmt weder Beutel noch Tasche mit und keine Schuhe." Und plötzlich wusste er: Das war es! Nackt und ohne Schuhe rannte er aus seiner Heimatstadt hinaus, ließ seine entsetzten Eltern zurück, seine Freunde, sein Erbe – alles. „Ich habe die heilige Armut zu meiner Herrin gewählt", sagte Franz von nun an zu jedem, der

ihn fragte, warum er denn in Lumpen daher-
komme. Das war die Geburtsstunde des Franzis-
kanerordens. Weil die Mitglieder so arm sind,
nennt man ihn auch Bettelorden.

Der Zustrom zu Franz und zu seiner Idee, völlig
arm zu leben und nur Gott zu dienen, kannte
schon bald keine Grenzen mehr. Hunderte mit
braunen Kapuzenkutten und Sandalen beklei-
dete Franziskaner-Missionare zogen predigend
zunächst durch Italien, dann durch Europa und
schließlich in die ganze Welt hinaus. Und bald
waren es nicht mehr nur Männer: Klara, eine
Freundin von Franz aus der Kin-
derzeit, gründete den Orden der
Klarissen, damit auch Frauen
wie Franz und seine Brüder
leben und für Gott wirken
konnten.

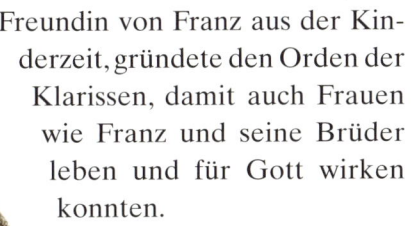

Und da gab es noch etwas Besonderes bei Franz
von Assisi: Nicht nur die Liebe zu den Menschen
war für ihn ganz wichtig, sondern auch die Fürsorge für die Tiere. „Meine Brüder und Schwestern" nannte er sie, und er schien immerzu mit
ihnen zu reden. So sah man ihn am Ufer eines
Sees, wie er zu den Fischen sprach oder auf einem
Hügel, zu den Vögeln sprechend. Seine Liebe zur
Natur und zu allen Geschöpfen Gottes beschrieb
Franziskus kurz vor seinem Tod in seinem schönen „Sonnengesang", der bis heute die Menschen
tief im Herzen berührt. Eine der Strophen aus
diesem Lied heißt:

> Gelobt seist Du, mein Herr,
> mit allen Deinen Geschöpfen,
> vornehmlich mit der edlen Herrin
> Schwester Sonne,
> die uns den Tag schenkt durch ihr Licht.
> Und schön ist sie und strahlend
> in großem Glanze:
> Dein Sinnbild, Höchster.

Franziskus setzte sich für seine Idee so sehr ein,
dass er, erst 44 Jahre alt, völlig erschöpft starb.
Der Todestag war der 3. Oktober 1226. Die
Menschen verehrten Franziskus, der seinem ge-
liebten Jesus so nah gewesen war, über seinen
Tod hinaus sehr. Schon zwei Jahre nach seinem
Tod wurde Franziskus heilig gesprochen.

 Arm zu sein, ist nicht leicht. Kannst du
dir vorstellen, dass manche Menschen
freiwillig arm sein wollen?

Franziskus · Frans · Frantz · Francesco · Francisco
Franco · Franjo · Frasquito · Francois · Francisque
Francis · Franek · Frantek · Franc · Francisk
Franciszek · František · Ferenc

FAUSTINA KOWALSKA

FAUSTINA, die große Heilige von Polen, hieß mit Taufnamen Helena. Sie war eines von zehn Kindern der armen Familie Kowalska, im Jahr 1905 war sie in dem Ort Glogowiec zur Welt gekommen. Mit 16 Jahren musste sie bereits als Dienstmädchen Geld verdienen, um ihre Eltern und Geschwister zu versorgen.

Schon als kleines Mädchen hatte Faustina eine Stimme gehört, die ihr immer wieder sagte, dass das Kloster ihre Heimat ist. Wenige Wochen vor ihrem 20. Geburtstag passierte es wieder: Helena spürte etwas in sich, etwas, das nur sie hören und fühlen, ja sogar sehen konnte. Man nennt so etwas „eine Vision haben". Helena sah in ihrer

Vision den leidenden Jesus Christus am Kreuz. Aufgeregt begab sie sich in die Hauptstadt Warschau. Nun wollte sie keine Zeit mehr verlieren und endlich ins Kloster eintreten. Jeder, der Mitglied in einem Orden wird, bekommt ja einen neuen Namen, und so hieß Helena Kowalska von nun an Maria Faustina. Im Kloster arbeitete sie als Gärtnerin und Köchin und manchmal auch als Pförtnerin.

Nach außen hin führte Faustina ein ganz normales Klosterleben, aber in ihrem Herzen passierten die unglaublichsten Dinge. Sie konnte in den Seelen anderer Menschen lesen, sie sagte Dinge voraus, die erst später geschahen, sie konnte sich mit der Muttergottes und mit Engeln unterhalten, und immer wieder erschien ihr der gekreuzigte Jesus. Er bat sie, allen von seiner großen Barmherzigkeit zu erzählen, was Faustina natürlich mit Freude machte. Jesus forderte Faustina auch auf, über ihre geheimen Herzenserlebnisse ein Tagebuch zu schreiben. Dieses Buch wurde später veröffentlicht, und viele tausend Menschen auf der ganzen Welt haben es inzwischen gelesen.

Maria Faustina Kowalska starb am 5. Oktober 1938. Sie war erst 33 Jahre alt. Am 30. April 2000 sprach der Papst sie heilig und erklärte den Sonntag nach Ostern zum Fest der Göttlichen Barmherzigkeit – in Erinnerung an Faustina aus Polen.

Wie, glaubst du, ist ein Mensch, den man barmherzig nennt?

Faustine · Faustyna · Fausta

SARA

SARA war die Frau von Abraham, beide sind die Ur-Eltern oder Stammeseltern des jüdischen Volkes. Somit passt die Bedeutung „Fürstin" für das hebräische Wort Sara sehr gut, denn eine Fürstin ist ja die Herrscherin eines Volkes, also sozusagen eine Landesmutter. Das Leben von Sara und ihrer Familie lag weit vor der Zeit von Jesus, die Erzählungen darüber stehen im Alten Testament.

Sara war eine wunderschöne Frau, und Abraham liebte sie sehr. Beide führten eine gute Ehe, aber sie warteten vergeblich Jahr um Jahr darauf, dass endlich Gottes Versprechen in Erfüllung gehen würde. Dieser hatte Abraham nämlich angekündigt, dass er der Vater eines großen Volkes werden würde. Sara aber konnte nicht schwanger werden, und sie war sehr unglücklich deswegen.

Nachdem Jahrzehnte vergangen waren, fasste Sara eines Tages einen Entschluss, der sie sehr schmerzte, aber sie tat es aus großer Liebe zu Abraham, der sich so sehr ein Kind wünschte. Sara forderte Abraham auf, mit ihrer Dienerin Hagar ein Kind zu bekommen, um so endlich Vater zu werden. Das war damals nicht so ungewöhnlich, wenn eine Frau nicht schwanger werden konnte. Abraham willigte schweren Herzens ein, denn er wollte unbedingt, dass die Prophezeiung Gottes in Erfüllung ging. Hagar bekam tatsächlich einen Sohn von Abraham, und er erhielt den Namen Ismael.

Einige Jahre später kamen drei geheimnisvolle Boten Gottes zu Abraham und kündigten an, dass auch Sara ein Kind bekommen sollte. Sara aber lachte nur, sie konnte es einfach nicht glauben, denn inzwischen war sie wirklich alt geworden. Doch genau, wie die Boten es angekündigt hatten, kam es: Sara bekam kaum ein Jahr später einen Sohn, den sie Isaak nannte. Isaak wurde später der Vater von Jakob, und Jakobs zwölf Söhne waren der Anfang des Volkes Israel. Und so wurde Sara die Mutter des Volkes Israel, in dem eines Tages Jesus geboren wurde.

? Welche Familien mit Kindern und welche ohne Kinder kennst du?

Sarah · Zara · Zarah · Sarei · Sarina · Sally · Sad

DIONYSIUS

ES GIBT einen Heiligen, bei dem man erst einmal erschrickt, wenn man in einer Kirche plötzlich vor seiner Figur steht. Er hat nämlich keinen Kopf mehr auf dem Hals, dafür hält er ihn in den Händen. Dieser kopflose Kirchenmann ist der Märtyrer Dionysius, der im Volksglauben zu den 14 Nothelfern gehört. Um Hilfe rufen ihn Menschen an, die starke Kopfschmerzen haben. Dieses Patronat ergibt sich natürlich aus der Geschichte, dass Dionysius einst sterben musste, nachdem man ihm den Kopf abgeschlagen hatte. In seiner Heimat Frankreich nennt man Dionysius Denis, in England Dennis.

Über Geburt und Herkunft von Dionysius weiß man so gut wie nichts. Im Jahr 250 wurde er in Rom vom Papst – das war damals Papst Fabian – zum Bischof geweiht und zur Missionierung nach Gallien entsandt. So nannte man zu jener Zeit einen großen Teil von Frankreich. Dionysius ließ sich in Paris nieder und wurde damit der erste Bischof der französischen Hauptstadt. Paris stand damals unter der Herrschaft der Römer, sie nannten die Stadt Lutetia. Es dauerte nicht lang, da war der Name von Dionysius im ganzen Land berühmt. Die Kunde von seinen Erfolgen verbreitete sich wie ein Lauffeuer. Überall erzählte man sich bald, wie viele Menschen der Bischof aus Rom schon getauft hatte.

Dionysius störte die römischen Besetzer ganz gewaltig. Sie glaubten ja nicht an Jesus Christus, sondern an die römischen Götter. Fieberhaft überlegten sie, wie sie Dionysius wieder loswerden konnten. Als alle Versuche, ihn zu vertreiben, nichts halfen und er nur immer noch mehr Erfolg hatte, entschieden sich die Römer, ihn zu töten. In einer Gruppe, weil sie sich so stärker fühlten, zogen sie los, um ihn zu suchen. Als sie Dionysius fanden und ihm von Angesicht zu Angesicht gegenüberstanden, waren sie aber von seiner Güte so gerührt, dass sie ihn nur freundlich grüßten und dann schnell wieder abzogen. Der römische Statthalter, der den Auftrag zum Mord erteilt hatte, war über seine Männer so wütend, dass er Dionysius noch am selben Tag gefangen nehmen und ihm auf einem Hügel oberhalb der Stadt den Kopf abschlagen ließ. Den Ort nannte man später Mons Martyrum, das bedeutet Berg der Märtyrer; heute ist das der bekannte Pariser Stadtteil Montmartre.

Es wird berichtet, dass Dionysius nach seiner Enthauptung einfach wieder aufstand, seinen abgeschlagenen Kopf nahm und mit diesem durch die ganze Stadt wanderte bis hin zu einer Stelle, wo er begraben werden wollte. Die Menschen, die aufgeregt hinter ihm her gingen, erzählten, dass Dionysius von einem hellen, himmlischen Licht umstrahlt gewesen sei. An dem Ort, an dem Dionysius dann begraben wurde, erbaute der französische König Dagobert später ein Kloster und die Basilika St-Denis. Viele Jahrhunderte lang wurden hier dann die französischen Könige beerdigt. Auch sie hatten sich den hoch verehrten Dionysius zu ihrem Patron erwählt.

 Kennst du das auch, dass man einen anderen Menschen zuerst gar nicht mag, dann aber mit einem Mal merkt, wie nett er eigentlich ist?

Dionys · Dionysios · Dion · Dinnies · Dins · Donnies · Donisi · Donisl · Nys · Nis · Niese
Denis · Dennis · Dénis · Denes · Sidney · Sid · Denys · Diwis · Denés

TERESA VON ÁVILA

DER HEILIGEN Teresa von Ávila verdanken wir ein kluges Wort über Gott. Sie sagte einmal: „Wer Gott hat, dem fehlt nichts. Gott allein genügt."

Teresa wurde 1515 in Ávila in Spanien geboren. Als sie mit sieben Jahren lesen gelernt hatte, studierte sie begeistert Bücher über Heilige. Sie wollte auch eine Heilige werden und beschloss, zu den Mauren, den Feinden des Christentums in Spanien, zu gehen, damit diese sie töteten. So würde sie als Märtyrerin in den Himmel kommen, dachte sie sich. Ein Onkel konnte Teresa im letzten Moment aufhalten, als sie gerade dabei war loszuziehen.

Mit 20 Jahren trat Teresa in Ávila in das Karmeliterkloster ein. Sie war unglücklich, als sie sah, wie wenig sich ihre Mitschwestern an die Klosterregeln hielten. Alle taten, was sie wollten, saßen den ganzen Tag zusammen und schwatzten, manche hatten sogar eigene Dienerinnen. Immer wieder hörte Teresa in dieser Zeit innere Stimmen, die ihr sagten, dass Gott ganz in ihrer Nähe sei. Eines Tages wurde Teresa schwer krank. Sie spürte, dass Gott ihr eine Botschaft schicken wollte. Doch Teresa ließ sich nicht unterkriegen: Sie wurde wieder gesund.

Von nun an wollte Teresa Gott so dienen, wie sie spürte, dass er es wollte. Und sie begann, andere Frauen ebenfalls für ein richtiges Ordensleben zu begeistern. Sie gründete einen neuen Orden, den sie die Unbeschuhten Karmelitinnen nannte. Teresa gewann mit ihren mitreißenden Reden schnell viele neue Frauen für ihre Idee und baute bald mehrere Klöster. Der Zustrom wuchs ständig, und Teresa war glücklich. Ein besonderer Tag kam, als der heilige Johannes vom Kreuz als erster Mann ein Unbeschuhter Karmeliter wurde. Teresa schrieb später nieder, dass diese Jahre die glücklichsten in ihrem Leben waren. Voller Stolz nannte sie sich jetzt Teresa von Jesus.

Teresa starb am 4. Oktober 1582. Weil sie eine so wichtige Frau gewesen ist, verlieh ihr der Papst 1970, rund 400 Jahre nach ihrem Tod, den Ehrentitel einer Kirchenlehrerin.

 Weißt du, was ein Orden ist und wie seine Mitglieder leben?

Therese · Theresa · Teresa · Theresina
Thea · Thesi · Thery · Tessa · Tess
Tracy · Thérèse · Terezie · Terka · Resi
Resa · Resia

LUKAS

LUKAS lebte in der gleichen Zeit wie Jesus, beide lernten sich aber nie kennen. Lukas wusste trotzdem alles über Jesus, denn der Apostel Paulus war sein Freund. Paulus, der die Botschaft von Jesus in viele Länder trug, brachte ihn auch mit den anderen Aposteln zusammen. Auch sie erzählten Lukas viel von ihren Erlebnissen mit dem Gottessohn und auch von seiner Mutter Maria.

Lukas hörte all das voller Bewunderung. Vor allem die Liebe und das Mitleid, welche Jesus den Schwachen und Traurigen und den Sündern entgegengebracht hatte, beeindruckten ihn sehr. Er beschloss, dass er alles aufschreiben musste, damit jeder lesen konnte, was für ein wunderbarer Mensch Jesus gewesen war. So entstand das Lukas-Evangelium. Später verfasste Lukas auch noch die Apostelgeschichte in der Bibel. Sein Symbol ist der Stier.

Wer aber war Lukas eigentlich? Wahrscheinlich stammte er aus Antiochien in Syrien, wo er mehrere Jahre vor Christi Geburt zur Welt gekommen war. Er war ein berühmter Arzt, sein großes Wissen in der Arzneikunde wurde gerühmt. Um das Jahr 50 lernte Lukas dann Paulus kennen, und vom ersten Augenblick an verstanden sich beide gut. Lukas, der noch kein Christ war, ließ sich von Paulus taufen und begleitete ihn von nun an auf seinen Missionsreisen. Nach dem Tod von Paulus zog Lukas wohl nach Griechenland, wo er bis zu seinem Tod ein Bischof gewesen sein soll.

Weil Lukas in seinem Evangelium so liebevoll über Maria schrieb, also mit Worten ein schönes Bild von Maria „malte", entstand später die Legende, er sei Maler von Marienbildern gewesen. Daher wird Lukas auf Bildern oft dargestellt, wie er Maria malt.

Welche Ereignisse aus dem Leben von Jesus kennst du?

Lucas · Lutz · Lux · Laux · Lukian · Luca · Lucca
Lucano · Luc · Luke · Lukarz · Lukasz

18
OKTOBER

URSULA

WENN MAN sich das Stadtwappen von Köln anschaut, dann sieht man drei goldene Kronen und elf goldene Flammen. Die Kronen weisen auf die Heiligen Drei Könige hin, die im Dom von Köln verehrt werden. Die elf Flammen erinnern an die heilige Ursula und ihre zehn Freundinnen.

Über das Leben von Ursula gibt es verschiedene Legenden, das sind erdichtete Berichte mit einem wahren Kern. Eine der bekanntesten Erzählungen ist diese: Ursula war die Tochter eines britannischen Königs und eine gläubige Christin. Der Fürstensohn Aetherius, der noch nicht an Gott glaubte, wollte Ursula heiraten und warb daher heftig um sie. Ursula aber hatte ihr Leben schon Jesus versprochen und das Versprechen abgelegt, nie zu heiraten. Da sie aber sehr klug war und wusste, dass es zu einem Krieg zwischen dem Volk ihres Vaters und dem von Aetherius' Vater kommen würde, wenn sie den Heiratsantrag ablehnte, gab sie Aetherius schließlich ihr Ja-Wort. Sie erbat sich jedoch drei Jahre Zeit bis zur Hochzeit, um zuerst eine große Wallfahrt nach Rom zu machen. Aetherius willigte glücklich ein und versprach seiner Braut Ursula außerdem, sich bald taufen zu lassen.

Ursula begab sich mit zehn Freundinnen auf den Weg nach Rom, wo sie vom Papst empfangen wurden. Auf dem Rückweg in die Heimat aber geriet ihr Schiff auf dem Rhein in einen Sturm, und Ursula und ihre Freundinnen wurden in Köln an Land gespült. Die Stadt Köln war zu jener Zeit vom Volk der Hunnen belagert, und es heißt, die rohen Männer hätten die jungen Frauen sofort getötet. Nur Ursula wurde zunächst verschont, da der Anführer der Hunnen sie wegen ihrer Schönheit zur Frau nehmen wollte. Als sie sich aber weigerte, tötete er sie auf der Stelle mit einem Pfeil.

Schon bald gab es an dem Ort, an dem die elf Frauen ermordet wurden, eine Kapelle und eine Tafel, auf der geschrieben stand: „Wo die heiligen Jungfrauen für den Namen Christi ihr Blut vergossen haben."

 Welche Kirchen kennst du in dem Ort oder in der Stadt, wo du wohnst?

Ursel · Ursl · Ursulina · Urschel · Uschi
Ulli · Ulla · Ursina · Ursa · Ursetta
Ursule · Ursola · Orsina · Orseli
Orsola · Orsolina · Ursina · Orsolya

SIMON

SIMON war einer der Zwölf Apostel, aber eigentlich weiß man kaum etwas über ihn. Er war einer der Stillen unter den zwölf und machte aus sich und seiner Arbeit nie großes Aufhebens. Sicherlich gefielen Jesus diese Bescheidenheit und die Zurückhaltung seines Jüngers, denn er wusste, dass gerade diese Menschen besonders treu und zuverlässig sind.

Interessant ist, dass Simon vor seiner Berufung zum Apostel ein ganz anderer Mensch gewesen war. Er war ein leidenschaftlicher Kämpfer für die Freiheit des jüdischen Volkes in Israel, das zu jener Zeit unter römischer Herrschaft stand. Daher hat man Simon auch den Beinamen Zelotes gegeben, das bedeutete „Eiferer". Zeloten nannten sich die Männer, die im Volk den Widerstand gegen die verhassten Römer organisierten. Die Römer hatten die Macht an sich gerissen und kassierten vom Volk hohe Steuerzahlungen an den römischen Kaiser. Die Männer um Simon wollten gewaltsam die Römer vertreiben. Sie planten große Demonstrationen und Überfälle, obwohl das lebensgefährlich war. Weil sich die

Zeloten so furchtlos für die Freiheit ihrer Heimat einsetzten, wurden sie von vielen im Volk verehrt. Jesus allerdings hielt nichts von Gewalt. Er war davon überzeugt, dass man Gewalt nicht durch noch mehr Gewalt aus der Welt schaffen kann.

Wie und wann Simon von Jesus zum Apostel berufen wurde, weiß man nicht genau. Möglicherweise war er ein Verwandter eines anderen Apostels und hatte Jesus so kennen gelernt. Man sagt, dass Simon nach Jesu Tod nach Persien ging und dort das Evangelium verkündete. Glaubensgegner nahmen ihn eines Tages gefangen und ermordeten ihn. Auf Abbildungen wird Simon Zelotes oft mit einer Säge gezeigt, weil er angeblich mit diesem Werkzeug getötet wurde. Wegen der Säge verehrten ihn die Holzfäller und Waldarbeiter als ihren Patron.

 Welche der Zwölf Apostel kennst du und was weißt du über sie?

Simeon · Sim · Siem · Simmel · Simone
Simeone · Sima · Simmie · Syma · Semjon

KARL BORROMÄUS

Als Bischof kümmerte sich Karl mit seiner ganzen Kraft um sein Bistum: Er sorgte für seine Pfarrer und Kirchen, brachte die verwahrloste Verwaltung in Ordnung, wies hier und da nachlässige Leute zurecht, die für ihn und das Bistum arbeiteten. Er brachte die Menschen dazu, wieder in die Gottesdienste zu gehen, er richtete Schulen für junge Männer ein, die Priester werden wollten, und er unterstützte die Missionsarbeit der Orden großzügig. Immer war er bei allem, was er tat, selbst das größte Vorbild. Die Menschen liebten und verehrten ihn dafür.

DIE GRÖSSTEN und wichtigsten Familien Italiens gehörten zur Verwandtschaft von Karl Borromäus. Aber der Berühmteste von allen in der Familie sollte Carlo werden.

Geboren am 2. Oktober 1538 in Arona, begann Karl schon mit 14 Jahren sein Studium der Rechte an der Universität und machte mit 21 Jahren sein Doktorexamen. Wenige Wochen später ernannte ihn der Papst, der ein Onkel von ihm war, zu seinem engsten Vertrauten und kurz darauf zum Bischof von Mailand. Karl war so gelehrt und angesehen, dass ihm das Bischofsamt übertragen wurde, ohne dass er bis dahin überhaupt die Priesterweihe empfangen hatte.

Während einer furchtbaren Pestepidemie, als in Mailand Tausende von Menschen starben, kümmerte sich Karl viele Monate lang Tag und Nacht persönlich um die Kranken und Sterbenden. Selbst in dieser Zeit lebte er nur von Brot und Wasser, bis er schließlich völlig entkräftet war. Von Fieberanfällen geschüttelt, starb er mit 46 Jahren am 3. November 1584. Ganz Mailand trauerte um ihn.

 In welchem Bistum lebst du?
Weißt du, wie der Bischof heißt?

Carel · Carlo · Karel · Charles · Carlos · Károly

LEONHARD

IN BAYERN finden jedes Jahr am Leonhardstag farbenprächtige Leonhardi-Umzüge statt. Dann ziehen schön geschmückte Pferde und Wagen zu den Kirchen, in denen das Leonhardsfest gefeiert wird. Von überall her kommen Menschen, um zu feiern und zuzuschauen, wie die Pferde gesegnet werden.

Leonhard stammte aus einer Adelsfamilie und lebte im Norden von Frankreich. Als Priester machte er seine Arbeit so gut, dass er bald zum Bischof ernannt wurde. Leonhard wusste natürlich, was für eine große Ehre das war, und eigentlich hätte er stolz sein müssen. Aber es war anders: Leonhard wollte gar kein Bischof sein, sondern viel lieber als einfacher Seelsorger arbeiten. Vor allem die Fürsorge für entlassene Strafgefangene lag ihm am Herzen, um sie wollte er sich besonders kümmern. Leonhard flüchtete deshalb Hals über Kopf in den Wald und lebte fortan als Einsiedler. Bald kamen Menschen aus der ganzen Umgebung mit ihren Nöten zu ihm. Vor allem als Tierarzt war er gefragt, denn er wusste für alle Krankheiten der Tiere, vor allem der Pferde, Rat und Hilfe. Deshalb ist Leonhard bis heute der Patron der Pferde und des Viehs.

Eines Tages geschah es, dass die schwangere Königin durch den Wald ritt. Direkt bei der Hütte von Leonhard setzten die Geburtswehen ein. Leonhard stand ihr bei, bis das Kind geboren war. Als der König ihm zum Dank etwas schenken wollte, wünschte sich Leonhard ein Stück Wald, das so groß war, wie er in einer Nacht auf einem Esel umreiten konnte. Der König stimmte natürlich zu. Zusammen mit entlassenen Strafgefangenen errichtete Leonhard auf dem geschenkten Land bei Limoges das berühmte und nach ihm benannte Kloster St-Léonard-de-Noblat.

Geehrt und geliebt von allen Menschen, starb Leonhard in hohem Alter. Als Todestag wird der 6. November 559 genannt. An Leonhards Grab weinte auch die Königsfamilie.

Hast du schon einmal miterlebt, wie in der Kirche das Fest eines Heiligen gefeiert wurde?

Lenhard · Lehnhard · Lienhard · Linhart · Linnart
Lennart · Leonard · Lenard · Lernet · Leo · Leon
Lion · Lenz · Leonz · Leonardo · Lenardo
Lionardo · Léonard · Len

MARTIN

DIE GESCHICHTE eines halben Mantels rührt die Menschen seit Jahrhunderten. Es ist die Erzählung vom heiligen Martin, der vor allem in den Herzen der Kinder einen besonderen Platz einnimmt. Der Name Martin steht für Nächstenliebe, also für etwas, was wir heute oft vermissen. Deshalb ist diese alte Geschichte von Martin noch immer aktuell.

Den Bericht über das Leben von Martin verdanken wir einem Mönch namens Sulpicius Severus. Er hat Martin, den er sehr bewunderte, oft getroffen und so alles über ihn erfahren. Und das berichtet er uns: Martins Vater war ein hoher römischer Soldat. Sohn Martin kam um das Jahr 317 in Ungarn zur Welt und verlebte seine Kindheit in Norditalien. Die Eltern glaubten nicht an Jesus Christus und erzogen auch ihren Sohn ohne Glauben. Aber schon als Kind fühlte sich Martin zu den Menschen hingezogen, die christlich lebten, und heimlich traf er sich mit einem Priester, der ihm viel über Jesus erzählte. Martins Plan war klar: Er wollte so bald wie möglich getauft werden und dann Mönch werden.

Doch alles kam anders: Der Vater drängte den 15-jährigen Martin dazu, Soldat zu werden. Das war ein Schock für Martin, aber er achtete seinen Vater sehr und akzeptierte deshalb die Entscheidung. Seinen Traum aber bewahrte er ganz fest in seinem Innersten: Eines Tages wollte er sich taufen lassen.

Von Anfang an war Martin anders als seine Soldatenkameraden, die sich alle etwas einbildeten auf ihren Beruf und meinten, sie wären etwas Besonderes. Immer wieder hänselten sie Martin wegen seines bescheidenen Auftretens. Als er wegen seiner Tapferkeit und seines Mutes schon bald aufstieg, bekam er zu seiner Unterstützung einen Diener. Von Anfang an behandelte er ihn wie einen Freund, worüber seine Kameraden ebenfalls ständig spotteten.

Martin war 18 Jahre alt, als das geschah, was wir alle kennen: die berühmte Geschichte mit dem Mantel. An einem bitterkalten Wintertag war Martin, der jetzt in Frankreich stationiert war, auf seinem Pferd unterwegs. Als er am Stadttor vorbeiritt, lag dort ein fast nackter Bettler frierend am Boden. Alle Menschen, die er um Hilfe anflehte, gingen achtlos an ihm vorbei. Martin war entsetzt über diese Hartherzigkeit. Er griff nach seinem Schwert und schnitt seinen Wintermantel mit einem Hieb entzwei. Die eine Hälfte reichte er dem

Es gibt den Spruch: „Geteilte Freude ist doppelte Freude."
Kannst du dir vorstellen, was damit gemeint ist?

Martinus · Maartinus · Marten · Maarten · Merten · Mertin · Märte · Märtin
Märten · Morten · Mertel · Martl · Mirtel · Mart · Marti · Martijn · Martien
Märti · Marcin · Tienes · Martino · Márton · Mártoni

Bettler, damit er sich damit wärmen konnte, mit der anderen Hälfte wickelte er sich selbst ein. Als die Zuschauer Martin auslachten, weil er mit seinem zerfetzten Mantel ziemlich komisch aussah, empfand er nur Mitleid für sie.

In der folgenden Nacht sah Martin im Traum Jesus Christus, der die abgetrennte Mantelhälfte in der Hand hielt. Er hörte ihn sagen: „Martin, der noch gar nicht getauft ist, hat mich mit diesem Mantel bedeckt." Nun wollte sich Martin endgültig nicht mehr aufhalten lassen. Er erfüllte alle seine Pflichten als Soldat, dann nahm er Abschied von der Armee. Er ließ sich taufen und lebte von nun an als Einsiedler an verschiedenen Orten in Europa. Aus seinen Einsiedeleien entwickelten sich große Klöster, so dass der Name von Martin bald in aller Munde war. Er selbst aber blieb bescheiden und war ein Freund der kleinen Leute. Die Menschen liebten und verehrten Martin und wählten ihn schließlich sogar zum Bischof der Diözese Tours in Frankreich. 30 Jahre lang tat er dort Gutes, seine Barmherzigkeit und seine Güte waren einzigartig. Martins Ruf drang weit über die Bistumsgrenzen hinaus.

Als Martin im Jahr 397 mit etwa 80 Jahren starb, verbreitete sich die Nachricht seines Todes wie ein Lauffeuer. Aus allen Ländern strömten die Menschen zur Beisetzung nach Tours, viele tausend Mönche führten den riesigen Trauerzug an. Bis heute gehört Martin zu unseren beliebtesten Volksheiligen. Alle Kinderaugen strahlen, wenn am 11. November die funkelnden Laternenumzüge durch die Straßen ziehen. Und auch die Erwachsenen fühlen das Besondere, das die Person des Martin umgibt. Er ist ein Heiliger für Kleine und Große.

ELISABETH

ELISABETH wollte sein wie Jesus Christus. Sie wollte geben, teilen, helfen und sorgen – und Liebe schenken, genau, wie Jesus es getan hatte. Sie war bereit, dafür zu leiden, Hohn und Spott zu ertragen und am Ende sogar zu sterben.

Elisabeth war eine ungarische Prinzessin, die schon als Kind die Menschen mit ihrem Lächeln verzauberte. Wie es im Mittelalter im Adel oft vorkam, musste sie mit 14 Jahren auf Wunsch ihrer Eltern heiraten. Doch für Elisabeth war die Hochzeit ein großes Glück, denn sie hatte ihren Bräutigam, den jungen Landgrafen Ludwig von Thüringen, über alle Maßen lieb, und auch er liebte sie von Herzen. Ludwig führte seine Braut nach Hause auf seine Burg, die berühmte Wartburg, und im Laufe der Jahre wurden Elisabeth und Ludwig glückliche Eltern der Kinder Hermann, Sophie und Gertrud.

Was Elisabeth aber um die herrschaftliche Wartburg herum alles sah, machte sie sprachlos und sehr traurig. Das einfache Volk litt größte Not, die Menschen hatten kaum etwas zu essen, sie besaßen keine Unterkünfte, und viele starben an Seuchen, weil sie Ärzte und Krankenhäuser nicht bezahlen konnten. Die Menschen waren so arm, weil sie den Herren auf den Schlössern hohe Steuern abliefern mussten. Mit dem eingetriebenen Geld der einfachen Leute bezahlten die Adligen ihren Prunk und ihr Luxusleben.

Elisabeth war verzweifelt über diese Zustände. Sie beschloss, ein Zeichen zu setzen. Von heute auf morgen änderte sie ihr Leben, das ja ebenfalls prunkvoll war, radikal. Von nun an trug sie statt kostbarer Roben einfache Wollkleider, sie aß nicht mehr von goldenen Tellern, sondern mit ihren Mägden in der Küche hartes Brot. Sie verschenkte das Korn aus den Burgkammern an die Armen und versorgte auf den Straßen die Kranken. Ludwig unterstützte seine geliebte Frau so gut er konnte. Er musste sich deswegen aber viele Vorwürfe von seiner Familie gefallen lassen, die ihn am liebsten enterbt hätte.

Elisabeth machten die Verwandten das Leben zur Hölle. Ludwigs Familie quälte und verhöhnte sie, doch das war ihr egal, nichts konnte sie davon abbringen, jeden Tag von der Burg ins Elend hinab zu steigen. Einmal passierte es, dass sie dabei auf Heinrich, den Bruder ihres Mannes, traf, der sie fragte, was sie denn da in ihrem Korb da-

vontrage. Es war Brot, das Elisabeth in ein Aussätzigenheim bringen wollte. Doch als Heinrich das Tuch zurückschlug, lagen da wunderschöne rote Rosen. Elisabeth lächelte und dankte Gott für das Wunder. Der blamierte Heinrich schämte sich.

Dann geschah das Unfassbare: Ludwig erkrankte und starb, und die junge Elisabeth wurde mit ihren Kindern sofort von der Wartburg vertrieben. Eine neue Heirat lehnte sie strikt ab, obwohl große Herrscher um die junge Witwe warben. Schweren Herzens gab sie ihre Kinder zur Erziehung in ein Kloster, eine Tatsache, die manche Menschen ihr später vorgeworfen haben, was ihr sehr weh tat. Das Witwengeld, das sie sich unerbittlich von Ludwigs Familie erstritt, gab sie für die Pflege von Armen und Kranken aus. Ihnen galt nun ihre ganze Fürsorge. Bald war Elisabeth aber selbst völlig erschöpft und am Ende aller Kräfte. Als sie spürte, dass sie bald sterben musste, erwartete sie ihren Tod ruhig und voller Vertrauen darauf, Jesus dann noch näher zu sein als sie sich ihm bisher schon fühlte.

Die große Elisabeth von Thüringen starb am 19. November 1231, erst 24 Jahre alt. An ihrem Grab ereigneten sich so viele Wunder, dass sie schon vier Jahre nach ihrem Tod vom Papst heilig gesprochen wurde. Bis heute ist Elisabeth ein großes Vorbild an Barmherzigkeit und Hilfsbereitschaft, aber auch dafür, wie radikal man sein Leben ändern kann, wenn man von einer wichtigen Sache überzeugt ist.

 Kennst du auch jemand, der sein Leben verändert und etwas Neues begonnen hat?

Elsbeth · Elisabetha · Lisbeth · Libeth · Babette · Else · Elsa · Elsi · Elsabe · Elsbe · Ilse · Isabel Isabella · Ilsebil · Bella · Elly · Elli · Ellis · Elis · Ella · Elisa · Elsina · Elsy · Alice · Alison · Li Lis · Lili · Lilly · Lilli · Lil · Lisa · Lise · Lisette · Bettina · Betina · Betty · Betti · Telsa · Sisi · Sissy Sissi · Elizabeth · Liz · Elisabetta · Isabeau · Élice · Erzsébet · Elzbieta · Lisenka · Jelisaweta

CÄCILIA

DIE LEGENDE um Cäcilia gehört zu den bewegendsten Erzählungen der Christenheit. Cäcilia wurde um 200 in Rom geboren. Es war die Zeit, als überall in der römischen Welt die Christen verfolgt und getötet wurden. Schon als kleines Mädchen wusste sie, dass sie nie heiraten, sondern allein leben und nur für Jesus da sein wollte. Zu dieser Zeit konnte aber eine junge Frau nicht allein leben. Und als sie ein schönes Mädchen geworden war, musste sie auf Anordnung ihrer Eltern den jun-gen Valerian heiraten, der aber kein Christ war. Sie war in ihrem Herzen verzweifelt, vertraute aber auf Jesus, dass er ihr den richtigen Weg aufzeigen werde.

Noch in der Nacht der Hochzeit gestand Cäcilia ihrem Bräutigam, dass sie nur für Jesus Christus leben wollte, und deshalb nicht mit ihm verheiratet sein könne. Valerian, der Cäcilia sehr liebte, fragte sie, was er denn nun machen solle. Auf ihre Bitte hin ließ er sich taufen. Als er von der Tauffeier zurückkehrte, erblickte er Cäcilia, die gerade von einem Engel Rosen entgegennahm. Von diesem Augenblick an wirkte Valerian gemeinsam mit Cäcilia unermüdlich für den christlichen Glauben. Zusammen trösteten sie gefangene Christen in den Kerkern der Stadt und kümmerten sich um die Beisetzung von Märtyrern, also von Christen, die wegen ihres Glaubens ermordet worden waren.

Eines Tages aber wurde auch Valerian von den Christenhassern getötet. Mutig bekannte sich Cäcilia daraufhin öffentlich als Christin. Die Verfolger warfen sie in ein Bad mit kochendem Wasser, aber Cäcilia blieb völlig unversehrt. Erschrocken über dieses Wunder, ordneten die Männer ihre Enthauptung an. Dreimal zog der Henker sein Schwert, aber dreimal überlebte Cäcilia. Erst nach drei Tagen starb sie. Es war der 22. November 230. Cäcilia war 30 Jahre alt.

 Schau dich in einer Kirche um: Gibt es dort Bilder oder Figuren von Märtyrern?

Cäcilie · Zäzilia · Zäzilie · Cécile Cecilia · Cecily

ANDREAS

ANDREAS, ein Fischer in Palästina, sehnte den Messias, den Erlöser, herbei. Seine große Sorge aber war, dass er ihn nicht erkennen würde. Als Andreas dann Johannes den Täufer kennen lernte, der das Kommen des Messias ankündigte, blieb Andreas vorsichtshalber immer in seiner Nähe, denn er spürte, dass sich hier alles ereignen würde.

Und so war es. Eines Tages deutete Johannes der Täufer auf einen Mann und sagte zu Andreas und seinem Freund Johannes: „Seht das Lamm Gottes." Der Mann war Jesus. Andreas war sehr aufgeregt, ließ alles stehen und liegen und rannte mit Johannes hinter Jesus her. Der drehte sich um und fragte: „Was wollt ihr?" Andreas stotterte verlegen: „Meister, wo wohnst du?" Und Jesus nahm beide mit zu sich. Als Andreas abends nach Hause kam, rief er seinem Bruder Simon zu: „Wir haben den Messias gefunden."

Als Andreas und Simon einige Zeit später beim Fischen am See Genesaret waren, kam mit einem Mal Jesus auf sie zu und sagte: „Folgt mir nach, denn ich will euch zu Menschenfischern machen." Sie verstanden zwar nicht, was er meinte, aber sie gingen mit. Und so wurden Andreas und Simon zwei der ersten Apostel von Jesus. Bald wussten sie auch, was Jesus mit dem Wort Menschenfischer gemeint hatte: Sie hatten die Aufgabe, die Menschen sozusagen aufzufischen und zu Jesus zu bringen.

In allen Jahren an Jesu Seite blieb Andreas bescheiden im Hintergrund. Aber wenn der Gottessohn ihn brauchte, war er da. Nach Jesu Tod missionierte Andreas in verschiedenen Ländern. Von Glaubensfeinden wurde er wohl um das Jahr 60 in Griechenland getötet. Es heißt, man habe ihn an ein schräges Kreuz genagelt. Seither nennt man ein Kreuz, dessen Balken schräg übereinander genagelt sind, Andreaskreuz.

 Kann man von einem Menschen so begeistert sein, dass man alles andere dafür aufgibt?

Andres · Andrä · Anders · Andries · Andi · Enders Endres · Endris · André · Andrew · Andrea · Andrei Andrej · Andrzej · Jendrzej · Andor · András Andrassy · Andris · Andro · Drewes

FRANZ XAVER

FÜR DIE Missionare auf der ganzen Welt ist Franz Xaver bis heute eines ihrer größten Vorbilder. Denn er arbeitete schon vor 500 Jahren so umsichtig, dass man es heute kaum besser machen kann.

Franz kam am 7. April 1506 in dem Dorf Javier in Spanien zur Welt. Aus „Javier" ergab sich später „Xaver". Zum Studium ging er nach Paris, wo er in Saus und Braus lebte. Sein Freund Ignatius von Loyola musste ihm ständig Geld borgen. Eines Tages gründete dieser Ignatius eine Ordensgemeinschaft, die er Gesellschaft Jesu nannte. Franz war gerührt von dem großen Engagement seines Freundes, und mit einem Mal erschien ihm sein bisheriges Leben leer. Er trat in die Gesellschaft Jesu ein und wurde Priester.

Der Papst schickte Franz Xaver nach Indien, dort sollte er Menschen für das Christentum gewinnen. Unter ungeheuren Strapazen erreichte Franz nach 13 Monaten Seereise sein Ziel. Er studierte die Sprache der Einheimischen und lernte, ihre Bräuche zu verstehen. Er lebte unter ihnen und mit ihnen, denn für Franz Xaver war klar: ein Missionar kann nur Erfolg haben, wenn er den Einwohnern das Gefühl gibt, dass er sie ernst nimmt und respektiert. Franz Xaver hielt nichts davon, einfach den Glauben zu predigen und dann schnell so viele Menschen wie möglich zu taufen. Er wollte zuerst ihre Herzen gewinnen. Bald strömten Tausende zu Franz Xaver und ließen sich im Glauben unterrichten und taufen.

Immer weiter dehnte er seine Missionsreisen aus. Über alles, was er machte, schrieb Franz Xaver mehr als 1000 Briefe nach Hause. Viele junge Leute wurden dadurch so begeistert, dass sie auch Missionare wurden und in alle Welt strömten. Franz Xaver starb am 3. Dezember 1552.

Kennst du Kinder, die aus einem anderen Land kommen?

Franziskus · Frans · Frantz · Francesco · Francisco · Franco · Franjo · Frasquito · Francois
Francisque · Francis · Franek · Frantek · Franc · Francisk · Franciszek · Frantis̆ek · Ferenc
Xaverius · Vere · Xavier · Zaverio · Saverio · Xabier · Javier · Xavery · Savy

BARBARA

DER 4. DEZEMBER ist Barbara-Tag. Es gibt nur noch wenige andere Tage im Jahreslauf, deren Datum so sehr mit einer Person verbunden ist. „An Barbara" gibt es einen Brauch, den wir liebevoll pflegen: Wir schneiden im Garten Obstbaum-Zweige, die wir in eine Vase stellen, damit sie an Weihnachten blühen. Warum es diesen Brauch gibt, das ist eine besonders schöne Geschichte aus dem Leben der Nothelferin Barbara, die hier jetzt erzählt wird.

Barbara lebte um das Jahr 300, ihre Heimat war dort, wo heute in der Türkei die Stadt Izmid liegt. Als Barbara zu einem schönen Mädchen herangewachsen war, behütete ihr Vater Dioskuros sie eifersüchtig und wies jeden Mann ab, der um die Hand seiner Tochter anhielt. Doch Barbara wollte gar nicht heiraten. Sie hatte nämlich heimlich alles über das Leben von Jesus Christus gelesen und entschieden, ihm ihr Leben zu schenken und nicht zu heiraten.

Der Vater, der wie auch Barbaras Mutter nicht an Jesus glaubte, schien bald etwas zu ahnen und sperrte seine Tochter kurzerhand in einen Turm ein. Barbara schaffte es aber trotz Bewachung, einen Priester zu sich kommen zu lassen, von dem sie die Taufe empfing. Glücklich ließ sie danach zu den zwei Fenstern im Turm noch ein drittes einbauen. Das war ein Zeichen für die Dreifaltigkeit: Gott Vater, Gott Sohn und Heiliger Geist. Dioskuros be-

merkte das natürlich und tobte vor Wut. Als Barbara ihm erklärte, dass sie nun eine gläubige Christin sei, ließ er sie ins Gefängnis werfen. Auf dem Weg dorthin verhakte sich Barbaras Kleid in einem vertrockneten Strauch, der am Weg wuchs, und ein Zweig blieb im Rock hängen. Barbara nahm ihn mit in ihre Gefängniszelle

Trotz vieler Qualen, die sie nun im Gefängnis erleiden musste, hielt Barbara weiterhin fest in tiefer Treue zu Jesus. Vater Dioskuros war schließlich so außer sich vor Zorn, dass er seine eigene Tochter mit dem Schwert tötete. Am selben Tag brachen an dem vertrockneten Zweig in Barbaras Zelle viele wunderschöne Blüten auf.

 Kennst du noch andere Bräuche im Kirchenjahr?

Bärbel · Barbe · Barbi · Barbli
Babette · Barberina · Balba · Babro
Barbro · Warwara · Basia

NIKOLAUS

Ü BER NIKOLAUS kann jeder von uns etwas erzählen. Es gibt niemand, der nicht sofort das Bild vom Mann mit dem roten Mantel und dem weißen Bart vor Augen hat. Nikolaus ist einer der Lieblingsheiligen von Kindern und von Erwachsenen. Wenn er das wüsste, wäre er sicherlich stolz darauf, denn er liebte die Menschen sehr.

Alle Erzählungen über Nikolaus berichten, dass er als Bischof von Myra hoch verehrt war. Die Botschaft von seiner Güte drang weit hinaus. Auch die anderen Bischöfe bewunderten ihren Kollegen Nikolaus, und das war eine besondere Ehre, denn meistens wollten die Bischöfe damals selbst die besten sein. Was aber machte Nikolaus, bevor er zum Bischof gewählt wurde?

Geboren wurde Nikolaus um 270 in der kleinen Hafenstadt Patara an der Südküste der heutigen Türkei. Von seinem Onkel, einem Bischof, soll er die Priesterweihe empfangen haben. Als seine Eltern früh starben, verschenkte Nikolaus sein ganzes Erbe an die Armen, für sich selbst wollte er nichts.

Eines Tages machte sich Nikolaus früh morgens auf den Weg in das 80 Kilometer entfernte Myra, wo er einiges zu erledigen hatte. Er wollte dort noch ein Morgengebet sprechen und betrat deshalb die Hauptkirche der Stadt. Mit einem Mal war er von einer Menge jubelnder Menschen umringt, die ihn zum neuen Bischof von Myra ausriefen. Da sich das Volk zuvor monatelang nicht auf einen neuen Bischof hatte einigen können, hatte es entschieden, dass der erste Priester, der morgens die Kirche betritt, Bischof werden sollte. Und das war Nikolaus.

Es war damals keine leichte Zeit für die Menschen, die an Jesus glaubten. Einige römische Herrscher verfolgten die Christen und ließen sie sogar ins Gefängnis werfen. Bischof Nikolaus stand allen Leidenden tröstend bei. Das aber machte die Römer zornig. Eines Tages wurde Nikolaus selbst in den Kerker geworfen und musste dort viele Qualen erleiden, die er aber klaglos ertrug. Beeindruckt von seiner Tapferkeit, ließen die römischen Stadtoberen Nikolaus wieder frei. Die ganze Stadt stand jubelnd vor dem Gefängnis.

Viele Legenden erzählen, wie die besondere Fürsorge von Nikolaus jenen Menschen galt, die sich in einer Notlage befanden. So rettete er einmal drei unschuldig zum Tode verurteilte Männer vor dem Tod. Ein anderes Mal half er einer verarmten Familie, die ihre drei Töchter nicht versorgen konnte und sie deshalb verkaufen wollte. In der Nacht schlich er sich zur Hütte der Familie und warf drei Beutel mit Goldmünzen durchs Fenster. So hatten die Mädchen genügend Geld, um künftig zu Hause ihre kranken Eltern pflegen zu können.

Als der liebenswürdige Bischof Nikolaus starb – man sagt, es war um das Jahr 350 – weinten alle. Schon nach kurzer Zeit wurde sein Lächeln in

Welche Geschichten über Nikolaus kennst du noch?

Niklaus · Niclaus · Nikolas · Niculaus · Klaus · Claus · Klas · Klaas · Clas · Claes · Claas · Clos Colin · Neklas · Nigg · Nick · Nicky · Nikkel · Nitsche · Nico · Niko · Nicol · Nikol · Niklas · Niels Nils · Nicolo · Niccolò · Nicole · Nicolau · Nicola · Nicholas · Nicolas · Nicolaas · Nikolaas · Mikola Nikolaj · Nikolai · Nikolow · Nikita · Kolja · Miklós · Mikus · Mikolaj · Mikolás · Nikolaos

Myra schmerzlich vermisst. Alle waren sich einig: Nikolaus war der beste Vertreter gewesen, den Gott sich auf Erden wünschen konnte. Aus Liebe zu Nikolaus legten die Menschen von nun an Rosen auf das Nikolaus-Grab in Myra. Und die Bischöfe der ganzen Kirchenprovinz trafen sich hier künftig zu ihren Jahresversammlungen.

Die Verehrung für Nikolaus verbreitete sich bald in viele Länder der Erde, in Griechenland und Russland war sie besonders groß. Dass aus Bischof Nikolaus von Myra „unser Nikolaus" wurde, wie wir ihn heute kennen, der jedes Jahr am Vorabend des 6. Dezember unsere Stiefel mit Süßigkeiten und Obst füllt und am Nikolaustag die Kinder besucht, das hat vielleicht mit dieser Legende zu tun: Nikolaus soll nämlich auch nach seinem Tod jedes Jahr zur Weihnachtszeit durch seine alte Bischofsstadt Myra gewandert sein. Dick vermummt, damit man ihn nicht erkannte, ging er zu den Hütten der Armen und legte ihnen vergoldete Äpfel und Nüsse vor die Tür. Vielleicht entstand diese Erzählung, weil die Menschen ihren Nikolaus einfach für immer behalten wollten. Und genau so ist es ja auch gekommen.

LUCIA

LUCIA heißt „die Leuchtende". Wenn Eltern ihrer Tochter bei der Taufe diesen Namen geben, sagen sie damit auch: Schaut, unser Kind erleuchtet unser Leben.

Lucia war eine junge Christin, die um das Jahr 300 lebte. Ihre Heimat war die Stadt Syrakus auf der italienischen Insel Sizilien. Auf Wunsch ihrer kranken Mutter sollte sie heiraten. Lucia traute sich nicht, der Mutter zu sagen, dass sie ihr Leben lieber ganz Jesus schenken wollte. Eines Tages brachte sie die Mutter an das Grab der heiligen Agatha und rief die Schutzpatronin um Hilfe an. Das Wunder geschah: Die Mutter wurde gesund und erlaubte ihrer Tochter, die Hochzeit abzusagen. Als Dank für die Heilung verschenkten beide Lucias Aussteuer an die Armen.

Lucia war überglücklich. Nun wollte sie ganz für Jesus da sein. Aber sie wusste noch nicht, was ihr bevorstand. Ihr Bräutigam nämlich war so zornig über die Hochzeitsabsage, dass er Lucia wutentbrannt zum Richter brachte, der damals die Gläubigen verfolgen ließ. Lucia ließ sich aber nicht einschüchtern, laut rief sie, dass Jesus ihr Bräutigam sei. Das war sehr mutig, denn sie wusste, dass ihr das den Tod bringen konnte. Auf einem Ochsenkarren wollte man sie zur Urteilsverkündung fahren. Aber die großen Tiere konnten den Wagen nicht einen Zentimeter bewegen. Der entsetzte Richter ließ Lucia darauf mit siedendem Öl übergießen, doch sie blieb unverletzt. Da bekam der Mann es mit der Angst zu tun und erteilte den Befehl, Lucia mit dem Schwert zu töten, was auch geschah.

In Schweden geht am Lucia-Tag das älteste Mädchen einer Familie mit einem Kranz mit brennenden Kerzen auf dem Kopf früh morgens durchs Haus und weckt Eltern und Geschwister. So kündigt sie das Licht an, das an Weihnachten mit Jesus in die Welt kommt. In Italien feiert man „Santa Lucia" mit Lichterumzügen. Früher ließen in Deutschland Kinder am Lucia-Tag auf dem Dorfbach Schiffchen schwimmen, in denen Kerzen brannten. Lucia leuchtet überall.

 Welche Heiligen im Kirchenjahr feierst du in Familie, Kindergarten oder Schule?

Luzia · Luci · Lucie · Luz · Lucinde
Lusinde · Luziane · Luciana
Lucina · Luciana · Lucetta · Lucilla
Lucille · Lucienne · Lukesa

STEPHAN

STEPHAN, so steht es in der Bibel, war der erste Christ, der sein Leben für seinen Glauben opferte. Er war damit der erste Märtyrer der Kirchengeschichte, deshalb nennt man ihn auch Erzmärtyrer. Märtyrer heißt „Zeuge" und bezeichnet Menschen, die bereit sind, für ihren Glauben an Jesus zu sterben. Sie zeugen also bis zum letzten Atemzug für Jesus. Es ist schon bemerkenswert, dass wir in unserem Kirchenjahr am 25. Dezember fröhlich die Geburt von Jesus feiern und nur einen Tag später, am 26. Dezember, an den heiligen Stephan erinnern, der für diesen Jesus gestorben ist.

Stephan tritt in Jerusalem erst nach dem Tod von Jesus in Erscheinung. Die Apostel wählten sieben Diakone aus, die sich um die Armen und die Einsamen kümmern sollten. Einer von ihnen war Stephan. Schon bald stand er im Mittelpunkt des Interesses, denn er verkündete das Evangelium so kraftvoll, dass die Menschen fasziniert waren von ihm. Als sich um ihn auch noch zahlreiche Wunder ereigneten, bewunderte man ihn noch mehr. Einige seiner Feinde aber beobachteten das alles voller Neid. Dieser Stephan passte ihnen einfach nicht, und bald überlegten sie, wie sie ihn schnell los werden könnten.

Als Stephan eines Tages bei einer Predigt einigen Glaubensgegnern furchtlos vorwarf, die Gesetze nicht zu beachten, kam es, wie es kommen musste: Außer sich vor Zorn beschlossen die Kritisierten, ihn zu töten. Schreiend zerrten die Männer Stephan hinaus bis vor das Stadttor. Dort begannen sie, ihn mit Steinen zu bewerfen, und sie machten

das so lang, bis er tot zusammensackte. Doch noch im Augenblick des Todes beschämte Stephan seine Feinde: Er schaute zum Himmel und rief: „Herr, rechne ihnen diese Sünde nicht an." Er selbst hatte seinen Mördern schon verziehen, nun bat er aber auch noch Gott darum, ihnen zu vergeben.

Wenn wir über Stephan sprechen, dann sprechen wir also auch über die Kraft und die Gnade des Verzeihens. Es gibt dafür kein größeres Vorbild.

 Fällt es dir immer leicht, jemandem zu verzeihen, der dir weh getan hat?

Stephanus · Stephanos · Stefan · Steffen · Steve · Stevie · Steven · Stephen · Stéphane · Étienne
Estienne · Stefano · Estéban · Estévan · Stepan · Stepka · Stepko · Sczepan · István

JOHANNES APOSTEL UND EVANGELIST

JOHANNES hat uns eine wichtige Botschaft hinterlassen: „Wenn jemand sagt, dass er Gott liebt und dann trotzdem seinen Bruder hasst, dann lügt er." Die Worte sagen, dass wir gut sein sollen mit allen Menschen, denn nur dann leben wir auch in Frieden mit Gott.

Johannes bekam – genau wie sein Bruder Jakobus der Ältere – von Jesus den Beinamen „Donnersohn". Der Grund war, dass Johannes sich schnell aufregte und auch mit Kritik nicht hinter dem Berg hielt. Jesus schätzte gerade diese Ehrlichkeit an Johannes, dem jüngsten unter den Zwölf Aposteln. Es verband ihn eine tiefe Freundschaft mit Johannes, weshalb dieser manchmal sein „Lieblingsjünger" genannt wird.

Johannes glaubte an Jesus und hielt zu ihm bis zuletzt. Als einziger der Apostel stand er furchtlos unter dem Kreuz, an das die Römer den Gottessohn geschlagen hatten. Die anderen Apostel hatten sich ja aus Angst alle versteckt. Wie sehr auch Jesus Johannes liebte, zeigte sich ebenfalls dort. Er bat den Apostel darum, doch nach seinem Tod für Maria zu sorgen: „Sieh, das ist deine Mutter." Jesus vertraute Johannes seine Mutter an, Johannes sollte für Maria sorgen, als wenn es seine eigene Mutter wäre.

Nach dem Tod von Jesus war Johannes einer der wichtigsten Apostel in Jerusalem. Er nahm alle Strapazen auf sich, um das Evangelium zu verkünden und wurde gleich dreimal verhaftet. Später verließ er Jerusalem, um die Jesus-Botschaft in andere Länder hinauszutragen. Mit großem Erfolg wirkte er in der Stadt Ephesus, von wo aus er weitere sieben Christengemeinden gründete. In jenen Jahren schrieb er seine berühmte Geheime Offenbarung, drei wichtige Briefe und das Johannes-Evangelium. Sein Zeichen ist der Adler. Man sagt, dass Johannes als alter Mann um das Jahr 101 starb. In Ephesus in der Türkei kann man sein Grab besuchen.

Kennst du noch andere Evangelisten außer Johannes?

Johann · Johan · Johanno · Jehannes · Ioannes · Hans · Hanns · Hannes · Hennes · Hanke · Hanko
Henke · Hasse · Henning · Hannemann · Jens · Jan · Jahn · Jann · Jo · Jannes · Janis · Jannis · Jons
John · Jack · Ian · Evan · Iven · Iwan · Ivan · Sean · Jean · Juan · Joanes · Giovanni · Jenik · Hanus
János · Janosch · Janus · Jukka · Jussi · Juhani

DAVID

GROSS und stark zu sein, stärker als die anderen, davon träumen Kinder und Erwachsene. Sie denken, man habe dann mehr Erfolg im Leben. Die Geschichte von David aber zeigt, dass es oft vielmehr darauf ankommt, klug und einfallsreich zu sein und fest an sich zu glauben.

David war ein Junge, der in der Zeit vor Christi Geburt lebte. Seine Aufgabe war es, die Schafe der Familie zu hüten. Damals war wieder einmal Krieg zwischen den Philistern und den Israeliten, dem Volk Davids. Drei seiner Brüder waren im Kampf, und Vater Isai machte sich Sorgen um sie. Besonders, seit er gehört hatte, dass die Philister einen Riesen mit ungeheuren Kräften in ihren Reihen hatten. Schließlich hielt Isai es nicht mehr aus, und er schickte David ins Kriegslager.

Als David dort ankam, traute er seinen Augen nicht: Drüben auf dem Hügel, dort, wo die Philister ihr Lager hatten, stand tatsächlich ein Riese mit einem langen Speer. Er hieß Goliat, und immer wieder brüllte er herüber, dass er von Mann zu Mann kämpfen wolle. Aber natürlich traute sich keiner der Israeliten, denn es hätte vieler Männer bedurft, um Goliat zu besiegen.

David wusste: Mit Kraft konnte niemand diesen Goliat besiegen, aber vielleicht mit Klugheit. Mutig forderte er den Riesen auf: „Komm her, ich bin der Mann, der mit dir kämpft!" Goliats Lachen erschütterte die Erde, aber David ließ sich nicht einschüchtern und rief zurück: „Gott steht auf unserer Seite. Er wird dich besiegen." Heimlich hatte David fünf flache Steine und eine Schleuder eingepackt. Als der Riese nun wutentbrannt auf ihn zustapfte, spannte er schnell die Schleuder und ließ einen Stein direkt auf die Stirn von Goliat sausen. Wie von der Axt gefällt, fiel Goliat tot um. Die Israeliten jubelten. Sie hatten den Krieg gewonnen.

Jahre später wurde David selbst König der Israeliten. Und niemals vergaß sein Volk, wie klug und listig er sie gerettet hatte.

? Wann bist du selbst mutig?
Was hilft dir dabei?

Dawes · Davide · Davidde · Dave
Davis · Daw · Dabi · Vid · Taffy

SILVESTER

AM 31. DEZEMBER, dem Silvestertag, wird gefeiert und getanzt. Die Menschen sind fröhlich, jeder freut sich auf das neue Jahr. Man wünscht einander Gesundheit und Glück und nimmt sich selbst viele Dinge vor. Kaum jemand aber denkt am 31. Dezember an den Heiligen, der diesem Tag den Namen gab, an Papst Silvester I.

Silvester war in einer wichtigen Zeit Papst. Es waren nämlich die Jahre, in denen die furchtbaren Verfolgungen der Christen durch die Römer endeten und die Gläubigen endlich in Frieden leben konnten. Kaiser Konstantin hatte diese Wende im Jahr 313 gebracht, indem er ein Gesetz erließ, das die Christen künftig schützte. Zusammen mit seiner Mutter Helena unterstützte Konstantin von nun an die Kirche.

Als ein Jahr später ein neuer Papst gewählt werden musste, wollte Konstantin unbedingt den Priester Silvester zum Kirchenoberhaupt, denn überall erzählte man, was für ein gütiger und kluger Mensch er war. Silvester aber hatte sich versteckt, weil er noch nicht wusste, dass die Christenverfolgungen inzwischen zu Ende waren. Der Kaiser fand ihn schließlich in einer Berghöhle. Feierlich wurde Silvester nach Rom geleitet und zum Papst geweiht.

Heute würde man sagen, dass Silvester und Konstantin gut zusammen gearbeitet haben. Mit der Unterstützung des Kaisers brachte Silvester das Christentum zum Erblühen; in Rom ließ er große Kirchen errichten, die wichtigste war der Petersdom über dem Grab von Petrus. Auch eines der wichtigsten Kirchentreffen, das berühmte Konzil von Nizäa, fand während Silvesters Amtszeit statt.

Trotz seiner Erfolge blieb Silvester ein bescheidener Mensch. Oft zog er sich in die Berge zurück, um dort Zwiesprache mit Gott zu halten. Nach 21 Jahren als Papst starb er am 31. Dezember 335, am letzten Tag jenes Jahres. Und deswegen heißt der 31. Dezember Silvestertag.

Die Verehrung für Silvester verbreitete sich dann schnell in ganz Europa. Schon rund einhundert Jahre nach dem Tod des Papstes gab es überall Silvester-Gedenkfeste. Bis zum heutigen Tag existieren an einigen Orten ganz besondere Silvester-Bräuche, so etwa im Schwarzwald. Dort ziehen Paare, die frisch verheiratet sind, um Mitternacht des 31. Dezembers zu einem Glockenturm und läuten gemeinsam die Glocken. Mann und Frau läuten sozusagen gemeinsam das neue Jahr ein, sie begrüßen es also feierlich. In anderen Orten treffen sich mehrere hundert Reiter auf ihren Pferden zum Silvesterritt, gemeinsam reiten sie durch die Straßen und singen festliche Lieder.

Auf Bildern sehen wir Papst Silvester oft mit Kaiser Konstantin oder auch mit der heiligen Helena, der Mutter von Konstantin, zu der Silvester ebenfalls ein sehr gutes Verhältnis hatte. Manchmal hat Silvester einen Ölbaumzweig in der Hand, dem Symbol für Frieden; damit soll gesagt werden, dass er in einer Zeit Papst war, in der Christen endlich in Frieden leben konnten.

 Wie feierst du Silvester?

Silvest · Sylvester · Syster · Süster · Syste · Fester
Vester · Silvestre · Sylvestre · Silvestro

A

Adalbert von Prag (23. April, S. 35)
Adam (24. Dezember)
Agatha (5. Februar)
Agnes (21. Januar, S. 13)
Agnes von Assisi (16. November)
Agnes von Bayern (11. November)
Agnes von Böhmen (2. März)
Albert der Große (15. November)
Alexander I. (3. Mai, S. 41)
Alexander Sauli (11. Oktober)
Alexander von Rom (10. Juli)
Alfons Maria von Liguori (1. August)
Alfred Delp (2. Februar)
Aloisius von Gonzaga (21. Juni)
Ambrosius von Mailand (7. Dezember)
Andreas Abellon (15. Mai)
Andreas, Apostel (30. November, S. 121)
Andreas Avellino (10. November)
Andreas Bobola (16. Mai)
Andreas Caccioli (3. Juni)
Andreas Corsini (6. Januar)
Angela Maria Astorch (2. Dezember)
Angela Merici (27. Januar, S. 15)
Angela vom Kreuz (2. März)
Angela von Foligno (4. Januar)
Anna de Xainctonge (8. Juni)
Anna Maria Redi (7. März)
Anna, Mutter Marias (26. Juli, S. 74)
Anna vom heiligen Augustinus (11. Dezember)
Anna vom heiligen Bartholomäus (7. Juni)
Anselm von Canterbury (21. April)
Ansgar (3. Februar)
Antonius Bonfadini (1. Dezember)
Antonius der Große (17. Januar)
Antonius Maria Zaccaria (5. Juli)
Antonius von Padua (13. Juni, S. 54)
Arnold Janssen (15. Januar)
Athanasius (2. Mai)
Augustinus Aurelius (28. August, S. 87)
Augustinus von Canterbury (27. Mai)

B

Balthasar (6. Januar, S. 10)
Barbara (4. Dezember, S. 123)
Barbara von Bayern (24. Juni)

Barnabas (11. Juni)
Bartholomäus, Apostel (24. August, S. 85)
Bartholomäus der Bauer (23. Mai)
Bartholomäus von Farne (24. Juni)
Basilius der Große (2. Januar)
Benedict Biscop Baducing (12. Januar)
Benedikt von Aniane (11. Februar)
Benedikt von Nursia (11. Juli, S. 62)
Benedikt-Joseph Labre (16. April)
Benjamin (31. März, S. 32)
Benno von Meißen (16. Juni)
Bernadette Soubirous (16. April, S. 33)
Bernhard von Aosta (15. Juni)
Bernhard von Baden (15. Juli)
Bernhard von Clairvaux (20. August, S. 84)
Bernhard von Hildesheim (20. Juli)
Bernhardin von Siena (20. Mai)
Bernward von Hildesheim (20. November)
Birgitta von Schweden (23. Juli, S. 70)
Blasius (3. Februar, S. 18)
Bonaventura (15. Juli)
Bonifatius von Canterbury (14. Juli)
Bonifatius von Tarsos (14. Mai)
Bonifatius Winfried (5. Juni, S. 52)
Brigida von Kildare (1. Februar)
Bruno von Köln (11. Oktober)
Bruno von Querfurt (9. März)

C

Cäcilia (22. November, S. 120)
Christian von Preußen (4. Dezember)
Christina Ebner (27. Dezember)
Christina von Bolsena (24. Juli, S. 72)
Christina von Hamm (22. Juni)
Christina von Stommeln (6. November)
Christophorus (24. Juli, S. 71)
Christophorus von Romandiola (31. Oktober)
Clemens I. (23. November)
Cyrillus (14. Februar, S. 22)

D

Damian (26. September, S. 96)
Daniel, Prophet (21. Juli, S. 66)
Daniel Stylites (11. Dezember)
David, König (29. Dezember, S. 129)
David von Augsburg (19. November)
David von Himmerod (11. Dezember)

David von Wales (1. März)
Diana Andaló (10. Juni)
Dionysius Pierre Berthelot (29. November)
Dionysius von Alexandrien (17. November)
Dionysius von Augsburg (26. Februar)
Dionysius von Paris (9. Oktober, S. 108)
Dominikus Guzman (8. August, S. 78)
Dominikus Ruzzola (16. Februar)
Dominikus Savio (6. Mai)
Dorothea, Märtyrerin (6. Februar, S. 20)
Dorothea von Montau (25. Juni)

E

Edith Stein (9. August)
Eduard von England (5. Januar)
Elias (20. Juli)
Elisabeth, Mutter des Johannes (5. November)
Elisabeth von Frankreich (23. Februar)
Elisabeth von Portugal (4. Juli)
Elisabeth von Reute (25. November)
Elisabeth von Schönau (18. Juni)
Elisabeth von Thüringen (19. November, S. 118)
Elisabeth von Ungarn (6. Mai)
Emmeram (22. September)
Erich von Schweden (10. Juli)
Esther (24. Mai)
Eva (24. Dezember)

F

Fabian (20. Januar)
Faustina Kowalska (5. Oktober, S. 106)
Faustina und Liberata (18. Januar)
Felix und Adauctus (30. August)
Felix und Regula (11. September)
Felix von Cantalice (18. Mai, S. 46)
Felix von Dunwich (8. März)
Felix von Nola (14. Januar)
Felix von Valois (20. November)
Felizitas (7. März)
Florian (4. Mai, S. 42)
Franz de Borja (1. Oktober)
Franz Pfanner (24. Mai)
Franz von Assisi (4. Oktober, S. 104)
Franz von Paola (2. April)
Franz von Sales (24. Januar)
Franz Xaver (3. Dezember, S. 122)

Franziska von Chantal, Johanna (12. Dezember)
Franziska von Rom (9. März, S. 27)
Friedrich von Utrecht (18. Juli)

G

Gabriel, Erzengel (29. September, S. 101)
Genovefa (3. Januar)
Georg Haydock (10. Februar)
Georg (23. April, S. 36)
Georg von Pfronten „Bruder Jörg" (7. Oktober)
Gerhard von Csanad (24. September)
Gertrud von Nivelles (17. März)
Gertrud von Helfta (17. November)
Gisela von Ungarn (7. Mai)
Godehard von Hildesheim (5. Mai)
Gregor der Große (3. September)
Gregor von Nazianz (2. Januar)

H

Hedwig von Schlesien (16. Oktober)
Heinrich, Kaiser (13. Juli, S. 64)
Heinrich Seuse (23. Januar)
Heinrich von Ebrantshausen (15. Mai)
Heinrich von Finnland (19. Januar)
Helena, Kaiserin (18. August)
Hieronymus (30. September)
Hilarius von Poitiers (13. Januar)
Hildegard, Kaiserin (30. April)
Hildegard von Bingen (17. September, S. 91)
Hubert von Maastricht (3. November)
Hugo von Grenoble (1. April)

I

Ignatius von Antiochien (17. Oktober)
Ignatius von Láconi (11. Mai)
Ignatius von Loyola (31. Juli, S. 76)
Irene, Witwe (22. Januar)
Irmgard (16. Juli)
Isidor von Sevilla (4. April)

J

Jakob Griesinger von Ulm (11. Oktober)
Jakob Rem (12. Oktober)
Jakob Salès (7. Februar)

Jakobus der Ältere (25. Juli, S. 73)
Jakobus der Jüngere (3. Mai, S. 40)
Joachim Piccolomini (16. April)
Joachim, Vater Marias (26. Juli, S. 74)
Joachim von Fiore (30. März)
Johanna Franziska von Chantal (12. Dezember)
Johanna von Lestonnac (2. Februar)
Johanna von Orleans (30. Mai, S. 50)
Johanna von Portugal (12. Mai)
Johanna von Valois/von Frankreich (4. Februar)
Johannes, Apostel und Evangelist (27. Dezember, S. 128)
Johannes Berchmans (13. August)
Johannes Bosco (31. Januar, S. 16)
Johannes Chrysostomus (13. September)
Johannes der Täufer (24. Juni, S. 56)
Johannes Duns Scotus (8. November)
Johannes Maria Vianney (4. August)
Johannes Nepomuk (16. Mai, S. 44)
Johannes Nepomuk Neumann (5. Januar)
Johannes Ogilvie (10. März)
Johannes vom Kreuz (14. Dezember)
Johannes von Avila (10. Mai)
Johannes von Capestrano (23. Oktober)
Johannes von Gott (8. März, S. 26)
Johannes XXIII. (3. Juni)
Jona, Prophet (21. September, S. 95)
Jonas und Barachisius (29. März)
José de Anchieta (9. Juni)
Josef Kentenich (15. September)
Josef von Arimathäa (17. März)
Josef von Nazaret (19. März, S. 30)
Joseph der Hymnenschreiber (3. April)
Joseph von Calasanza (25. August)
Joseph von Copertino (18. September)
Judas Thaddäus (28. Oktober)
Julia von Korsika (22. Mai, S. 48)
Julia von Troyes (21. Juli)
Juliana von Lüttich (5. April)
Justinus, Märtyrer (1. Juni)

K

Karl Borromäus (4. November, S. 114)
Kasimir von Polen (4. März, S. 25)
Kaspar (6. Januar, S. 10)
Katharina de' Ricci (1. Februar)
Katharina von Alexandrien (25. November)
Katharina von Bologna (9. März)

Katharina von Schweden (24. März)
Katharina von Siena (29. April, S. 38)
Kateri (Katharina) Tekakwitha (17. April)
Kevin (6. Juni)
Kilian (8. Juli)
Klara von Assisi (11. August, S. 80)
Klara von Montefalco (17. August)
Klemens Maria Hofbauer (15. März)
Konrad von Bayern (17. März)
Konrad von Hildesheim (6. Oktober)
Konrad von Parzham (21. April, S. 34)
Konrad von Zähringen (29. September)
Konrad I. von Konstanz (26. November)
Konstantin, Kaiser (21. Mai)
Korbinian von Freising (20. November)
Kosmas (26. September, S. 96)
Kunigunde, Kaiserin (13. Juli, S. 64)
Kunigunde von Rapperswil (16. Juni)

L

Laurentius (10. August, S. 79)
Laurentius Giustiniani (8. Januar)
Laurentius von Brindisi (21. Juli)
Laurentius von Canterbury (2. Februar)
Leander von Sevilla (13. März)
Leo der Große (10. November)
Leonhard Kimura (18. November)
Leonhard Vechel (9. Juli)
Leonhard von La Cava (18. August)
Leonhard von Limoges (6. November, S. 115)
Leonhard von Porto Maurizio (26. November)
Louise de Marillac (15. März)
Lucia Brocadelli (15. November)
Lucia Filippini (25. März)
Lucia vom Berg (19. September)
Lucia von Syrakus (13. Dezember, S. 126)
Ludger (26. März)
Ludwig von Arnstein (25. Oktober)
Ludwig von Toulouse (19. August)
Ludwig IV. (11. September)
Ludwig IX. (25. August, S. 86)
Lukas Belludi (17. Februar)
Lukas Evangelist (18. Oktober, S. 111)
Lukas Stylites (11. Dezember)
Luzius (2. Dezember)

M

Margareta Bourgeoys (12. Januar)
Margareta Ebner (20. Juni)
Margareta von Antiochien (20. Juli, S. 65)
Margareta von Cortona (22. Februar)
Margareta von Savoyen (23. November)
Margareta von Schottland (16. November)
Margareta von Ungarn (18. Januar)
Maria, Mutter Jesu (8. September, Maria Geburt, S. 88)
Maria Poussepin (24. Januar)
Maria von Ägypten (2. April)
Maria Ward (30. Januar)
Maria Anna von Jesus (26. Mai)
Maria Dominica Mazzarello (13. Mai)
Maria Goretti (6. Juli)
Maria Magdalena (22. Juli, S. 68)
Maria Magdalena de' Pazzi (25. Mai)
Maria Magdalena Martinengo di Barco (27. Juli)
Markus Evangelist (25. April, S. 37)
Markus Stephan Crisinus (7. September)
Markus von Aviano (13. August)
Marta von Betanien (29. Juli)
Martin I. (16. September)
Martin Lumberas (11. Dezember)
Martin von Braga (20. März)
Martin von Porres (3. November)
Martin von Tours (11. November, S. 116)
Mathilde (14. März)
Matthäus Evangelist (21. September, S. 94)
Matthias (24. Februar, S. 24)
Maximilian Kolbe (14. August, S. 82)
Maximilian von Lorch (12. Oktober)
Mechthild von Magdeburg (15. August)
Meinrad (21. Januar)
Melchior (6. Januar, S. 10)
Methodius (14. Februar, S. 22)
Michael de Sanctis (10. April)
Michael, Erzengel (29. September, S. 100)
Michael Ghebre (28. August)
Michael Rua (6. April)
Monika, Mutter Augustinus' (27. August)

N

Nikolaus I. (13. November)
Nikolaus Palea (11. Februar)

Nikolaus Peregrinus (2. Juni)
Nikolaus Rusca (25. August)
Nikolaus Tavelíc (14. November)
Nik(o)laus von Flüe (25. September)
Nikolaus von Myra (6. Dezember, S. 124)
Nikolaus von Tolentino (10. September)
Norbert von Xanten (6. Juni)

O

Olaf von Norwegen (10. Juli)
Oliver Plunket (11. Juli)
Oskar (3. Februar)
Otto von Bamberg (30. Juni)

P

Pankratius (12. Mai)
Patrick (17. März, S. 28)
Paul Josef Nardini (27. Januar)
Paul Miki und Gefährten (6. Februar)
Paul vom Kreuz (19. Oktober)
Paulinus von Trier (31. August)
Paulus, Apostel (29. Juni, S. 59)
Petrus, Apostel (29. Juni, S. 58)
Petrus Armengol (27. April)
Petrus Canisius (21. Dezember)
Petrus Chrysologus (4. Dezember)
Petrus Damiani (23. Februar)
Petrus Faber (1. August)
Petrus Fourier (9. Dezember)
Petrus Gonzáles (14. April)
Petrus Martyr (6. April)
Petrus Nolascus (25. Dezember)
Petrus von Alcántara (18. Oktober)
Philipp Howard (19. Oktober)
Philipp Jeningen (8. Februar)
Philipp Neri (26. Mai, S. 49)
Philipp von Zell (3. Mai)
Philippus (3. Mai, S. 40)
Primus und Felizian (9. Juni)
Priska (8. Juli)

R

Rabanus Maurus (4. Februar)
Rafael, Erzengel (29. September, S. 102)
Raimund von Penaforte (7. Januar)

Raphael Chylinsky (2. Dezember)
Rasso (19. Juni)
Renata von Bayern (22. Mai)
Rita von Cascia (22. Mai, S. 47)
Robert Bellarmin (17. September, S. 90)
Robert von Chaise-Dieu (17. April)
Robert von Molesme (29. April)
Robert von Sala (18. Juli)
Rosa von Lima (23. August)
Rosa von Viterbo (6. März)
Rupert (24. September)
Rupert Mayer (3. November)

S

Sabina, Witwe (29. August)
Sara (9. Oktober, S. 107)
Scholastika (10. Februar)
Sebastian (20. Januar, S. 12)
Sebastian Kimura (10. September)
Sebastian Valfré (30. Januar)
Severin von Norikum (8. Januar)
Sigismund (2. Mai)
Silvester I. (31. Dezember, S. 130)
Silvester Guzzolini (26. November)
Silvester von Chálon-sur-Saóne (20. November)
Simon de Rojas (28. September)
Simon Fidati (2. Februar)
Simon Stock (16. Mai)
Simon von Lipnica (18. Juli)
Simon von Todi (20. April)
Simon Zelot (28. Oktober, S. 113)
Sophia von Rom (15. Mai, S. 43)
Stanislaus Kostka (18. September, S. 92)
Stanislaus von Krakau (11. April)
Stephan I. (2. August)
Stephan Harding (16. Juli)
Stephan Pongrácz (8. September)
Stephan von Grandmont (8. Februar)
Stephan von Ungarn (20. August)
Stephanus, Erzmärtyrer (26. Dezember, S. 27)
Susanna (19. Dezember)

T

Teresa von Ávila (15. Oktober, S. 110)
Teresa/Mutter Teresa (5. September)
Theresia Gerhardinger (9. Mai)

Theresia von Lisieux (1. Oktober, S. 103)
Theresia von Portugal (20. Juni)
Thomas, Apostel (3. Juli, S. 60)
Thomas Becket (29. Dezember)
Thomas Morus (22. Juni)
Thomas von Aquin (28. Januar)
Timotheus (26. Januar, S. 14)
Timotheus von Reims (23. August)
Titus (26. Januar)
Tobias (13. September)

U

Ulrich von Augsburg (4. Juli, S. 61)
Ulrich von Zell (14. Juli)
Ursula Haider (20. Januar)
Ursula von Köln (21. Oktober, S. 112)

V

Valentin von Rätien (7. Januar)
Valentin von Terni (14. Februar, S. 21)
Valentin von Viterbo (3. November)
Veronica Giuliani (9. Juli)
Veronica von Binasco (13. Januar)
Veronika (4. Februar, S. 19)
Vinzenz Ferrer (5. April)
Vinzenz Palotti (22. Januar)
Vinzenz von Paul (27. September, S. 97)
Vinzenz von Saragossa (22. Januar)
Virgil (24. September)
Vitus (15. Juni)

W

Walburga (25. Februar)
Wendelin (20. Oktober)
Wenzel (28. September, S. 98)
Willibald (7. Juli)
Wolfgang von Regensburg (31. Oktober)

MEIN NAME UND MEIN NAMENSPATRON – NAMENSREGISTER

Mein Name	Mein/e Namenspatron/in ist	Seite

A

Achim	Joachim (Hebr.: „den Gott aufrichtet")	74
Adalbert	Adalbert (Ahd.: „der Edle")	35
Adelbert	Adalbert	35
Agnes	Agnes (Griech.: „die Keusche")	13
Agnesa	Agnes	13
Agneta	Agnes	13
Albert	Adalbert (Ahd.: „der Edle")	35
Alberta	Adalbert	35
Albrecht	Adalbert	35
Alena	Maria Magdalena (Maria aus Magdala)	68
Alice	Elisabeth (Hebr.: „die Gottesverehrerin")	118
Alina	Maria Magdalena (Maria aus Magdala)	68
Alex	Alexander (Griech.: „der Schützende")	41
Alexander	Alexander	41
Alexandra	Alexander	41
Andrea	Andreas (Griech.: „der Tapfere)	121
Andreas	Andreas	121
Anette	Anna (Hebr.: „die von Gott Begnadete")	74
Angela	Angela (Griech.: „Bote Gottes")	15
Angelika	Angela	15
Angelina	Angela	15
Angelique	Angela	15
Angie	Angela	15
Anika	Anna (Hebr.: „die von Gott Begnadete")	74
Anita	Anna	74
Anja	Anna	74
Anke	Anna	74
Anna	Anna	74
Anne	Anna	74
Anton	Antonius (röm. Familienname)	54
Antonia	Antonius	54
Antonius	Antonius	54
August	Augustinus (Lat.: „der Erhabene")	87
Auguste	Augustinus	87

| Augustin | Augustinus | 87 |
| Augustina | Augustinus | 87 |

B

Baldus	Balthasar (Hebr.: „Gott schütze sein Leben")	10
Balthasar	Balthasar	10
Balthazar	Balthasar	10
Barbara	Barbara (Griech.: „die Fremde")	123
Bärbel	Barbara	123
Barthel	Bartholomäus (Hebr.: „Sohn des Tolmai")	85
Bartholomäus	Bartholomäus	85
Basti	Sebastian (Griech.: „der Verehrungswürdige")	12
Bastian	Sebastian	12
Ben	Benjamin (Hebr.: „Glückskind")	32
Benedict	Benedikt (Lat.: „der Gesegnete")	62
Benedikt	Benedikt	62
Benedikta	Benedikt	62
Bengt	Benedikt	62
Benjamin	Benjamin (Hebr.: „Glückskind")	32
Benno	Benjamin/Benedikt/Bernhard	32/62/84
Bernadette	Bernadette	33
Bernd	Bernhard (Ahd.: „stark wie ein Bär")	84
Bernhard	Bernhard	84
Bernhardin	Bernhard	84
Bernhardine	Bernadette/Bernhard	33/84
Bernice	Veronika (Griech.: „die Siegbringerin")	19
Bert	Adalbert/Robert	35/90
Bettina	Elisabeth (Hebr.: „dieGottesverehrerin")	118
Birgit	Birgitta (Kelt.: „die Erhabene")	70
Birgitta	Birgitta	70
Blasius	Blasius (Griech.: „Lispelnd")	18
Bonifatius	Bonifatius (Lat.: „der Wohltäter")	52
Bonifaz	Bonifatius	52
Bonifazius	Bonifatius	52
Brigitta	Birgitta (Kelt.: „die Erhabene")	70
Brigitte	Birgitta	70
Britta	Birgitta	70

Mein Name	Mein/e Namenspatron/in ist	Seite	Mein Name	Mein/e Namenspatron/in ist	Seite

C

Cäcilia	Cäcilia (röm. Familienname)	120
Carl	Karl (Ahd.: „Mann")	114
Carola	Karl	114
Casimir	Kasimir	
	(Slaw.: „Friedensverkünder")	25
Caspar	Kaspar (Pers.: „Schatzmeister")	10
Cathrin	Katharina (Griech.: „die Reine")	38
Christa	Christina (Lat.: „die Christin")	71
Christiana	Christina	71
Christiane	Christina	71
Christina	Christina	71
Christine	Christina	71
Christof	Christophorus	
	(Griech.: „Christusträger")	72
Christoph	Christophorus	72
Christopher	Christophorus	72
Christopherus	Christophorus	72
Clara	Klara (Lat.: „die Glänzende")	80
Clarissa	Klara	80
Claus	Nikolaus	
	(Griech.: „Sieg des Volkes")	124
Conrad	Konrad (Ahd.: „kühner Ratgeber")	34
Curt	Konrad	34
Cyrillus	Cyrillus	
	(Griech.: „der zum Herrn Gehörende")	22

D

Damian	Damian (Griech.: „der Bezwinger")	96
Dan	Daniel	
	(Hebr.: „Gott ist mein Richter")	
Daniel	Daniel	66
Daniela	Daniel	66
David	David (Hebr.: „der Geliebte")	129
Davida	David	129
Davina	David	129
Denis	Dionysius (Griech.: „der Fröhliche")	108
Dennis	Dionysius	108
Dionys	Dionysius	108
Dionysius	Dionysius	108
Dominic	Dominikus	
	(Lat.: „dem Herrn gehörend")	78

Dominik	Dominikus	78
Dominikus	Dominikus	78
Dora	Dorothea	
	(Griech.: „Gottesgeschenk")	20
Doreen	Dorothea	20
Doris	Dorothea	20
Dorothea	Dorothea	20
Dorothee	Dorothea	20

E

Edelbert	Adalbert (Ahd.: „der Edle")	35
Elisa	Elisabeth	
	(Hebr.: „dieGottesverehrerin")	118
Elisabeth	Elisabeth	118
Ella	Elisabeth	118
Elsbeth	Elisabeth	118
Elsa	Elisabeth	118
Ethelbert	Adalbert (Ahd.: „der Edle")	35

F

Fanni	Franziska	27
Faustina	Faustina	
	(Lat.: „die Beglückende")	106
Felicitas	Felix (Lat.: „der Glückliche")	46
Felix	Felix	46
Felizian	Felix	46
Felizitas	Felix	46
Filip	Philippus	
	(Griech.: „der Pferdefreund")	40/49
Filippa	Philippus	40/49
Flori	Florian (Lat.: „der Prächtige")	42
Florian	Florian	42
Franz	Franziskus	
	(Lat.: „der Französische")	104/122
Franzi	Franziska	27
Franziska	Franziska	27
Franziskus	Franziskus	104
Frauke	Vernonika	
	(Griech.: „die Siegbringerin")	19

G

Gabriel	Gabriel (Hebr.: „Mann Gottes")	101

DIE AUTOREN

Vera Schauber und *Michael Schindler* haben bereits mehrere populäre Standardwerke zum Thema Heilige, Selige und Namenspatrone verfasst, unter anderen den Band „Heilige und Namenspatrone im Jahreslauf" und „Das Bildlexikon der Heiligen". Allen Büchern liegt eine jahrzehntelange Recherche und eine intensive Forschertätigkeit zugrunde. Das Bildarchiv der Autoren zum Thema Heilige und Selige gehört zu den umfangreichsten im deutschsprachigen Raum.

Martina Špinková ist Malerin, Grafikerin und erfolgreiche Kinderbuch-Illustratorin. Sie lebt mit ihrem Mann und sieben Kindern in Prag. In ihren Bildern fängt sie die religiöse Gedankenwelt in einer für Kinder verständlichen Weise ein.